U0449362

图 1　大元宝、银锞

图 2　墨西哥鹰洋

图 3　光绪龙洋

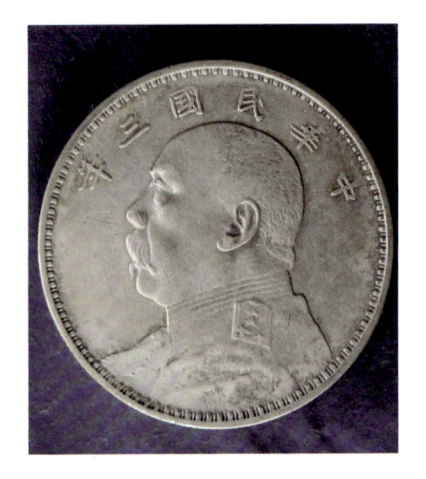

图 4 袁世凯银元

图 5 孙中山开国纪念币

图 6 孙中山帆船银元

图 7　中华苏维埃银币

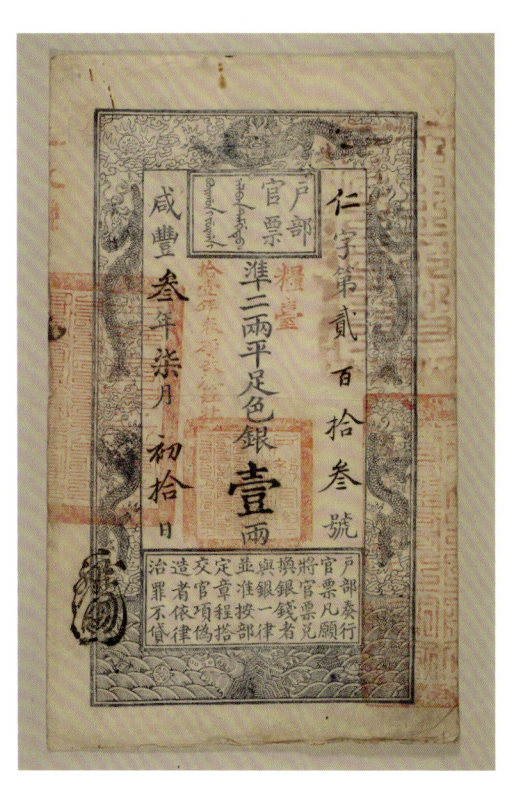

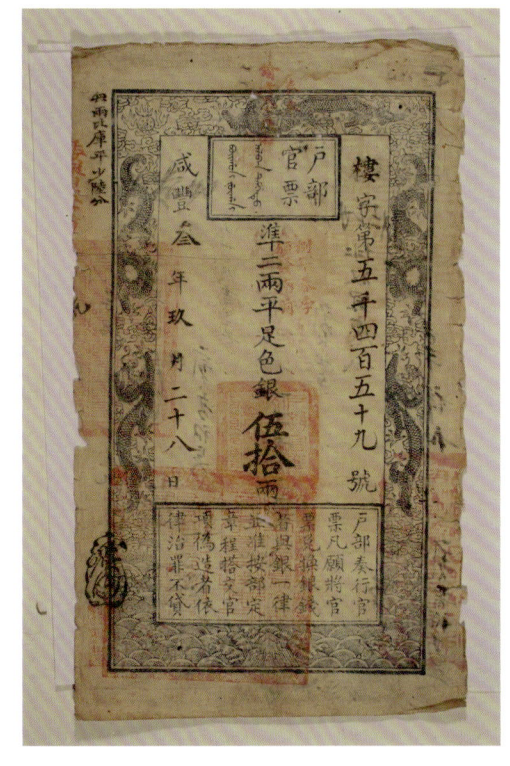

图 8　清咸丰朝的户部官票、大清宝钞

图 9　大清银行兑换券

图 10　中国通商银行兑换券

图 11　中国银行拾圆兑换券

图 12　华俄道胜银行金券

图 13　中央银行壹圆券（149mm×74mm）

图 14　中央银行壹仟圆样票（182mm×75mm）

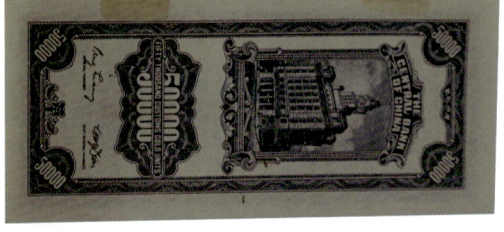

图15 中央银行关金券

图 16 国民党政府的金圆券、银圆券

图 17　中华苏维埃共和国国家银行券

图 18　陕甘宁边区银行壹百元（168mm×78mm）

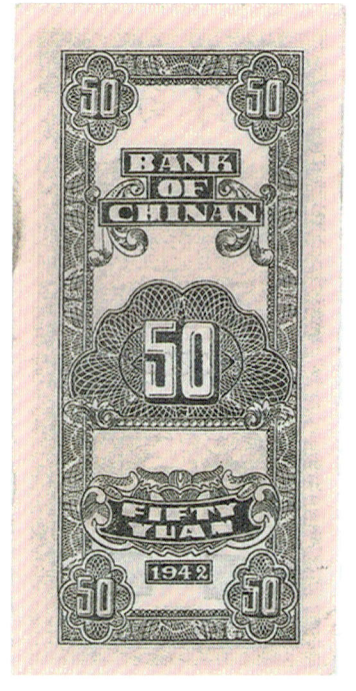

图 19　冀南银行伍拾圆券（105mm×53mm）

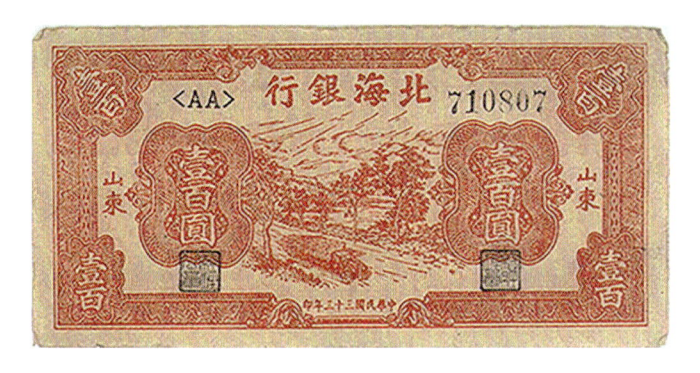

图 20　北海银行壹百圆（132mm×62mm）

图 21　西北农民银行伍仟圆（148mm×64mm）

中国近代
货币
金融史

萧 清 ◎ 编著

感谢中国钱币博物馆提供
相关实物照片资料

人民东方出版传媒
People's Oriental Publishing & Media
东方出版社
The Oriental Press

再版前言

1991年我从中国人民大学清史研究所硕士研究生毕业，留校在财政金融系所属金融教研室任教，接替时年65岁刚刚离休的著名货币金融史学家萧清教授，主讲"中国货币金融史"课程。实际上，在萧清教授放下教鞭到我主讲本课程间隔的一年，学院邀请了中央财经大学金融系许慧君教授代课主讲这门课程，而她早前正是在萧清教授处进修从而进入货币金融史教研领域。2008年萧清先生仙逝，迄今已经离开我们16年。萧清先生的专著《中国古代货币史》（人民出版社，1984年）、《中国古代货币思想史》（人民出版社，1987年），以及教材性质的《中国近代货币金融史简编》（山西人民出版社，1987年）出版以来，影响了一代又一代学者，产生了广泛而长期的学术影响。今天，萧清先生的这些心血之作即将由东方出版社再版，必定为以中国货币金融的历史与思想资源重建今天的货币金融理论提供方便。在这本《中国近代货币金融史简编》再版之际，我就萧清先生的生平和学术成就作一个简明的介绍，并就近代中国货币金融历史相关的几个问题，谈一些粗浅的看法，以增进读者对于近代中国货币金融面临的问题和应对策略及其效果的认识。

一、萧清先生及其学术贡献

萧清教授，原名萧启厚，江苏省徐州市人。1925年10月生于江苏徐州。1944年9月至1948年秋，北京辅仁大学就读肄业。1948年12月至1949年3月在河北正定华北大学一部27班学习。1949年3月至1950年2月，华北大学，担任副队长等职务。1950年9月始，任中国人民大学教员。1955年至1957年，任中国人民大学货币教研室副主任。1958年10月至1970年2月，任中国人民大学财政银行教研室主讲教员、讲师。1970年2月至1972年11月，在江西余江人大干校度过一段特殊时光。1973年至1974年5月，划归北京师范大学（代管）工作。1974年5月至1978年7月，又任职于北京经济学院经济研究所。1978年9月，中国人民大学恢复后，重回中国人民大学财政系任讲师，1980年任副教授，1986年任教授。

萧清在辅仁大学读书时，有部分课程采用英文原版教材，由外国人或华人教师用英语教授。当时他的英语基础较好，能读书、听课，以及用英文作练习及考试答题。从1948年12月在河北正定参加革命工作起，萧清先生边工作边学习。在当时一切向苏联学习的形势下，萧清先生与黄达先生等一道重新学习俄语，以便于听课和翻译。1952年，他试译过专业文章，并收入教研室编的译文集中。语言训练和学科积累，使他成为学系的主力专业主讲教师。

从中国人民大学开办的1950—1951学年第一学期至"文化大革命"前，他先后在本科、专修科、函授等讲授过"资本主义国家货币流通与信用""社会主义货币信用学""短期信用组织与分析""信贷组织与计划""信贷与结算组织"等课程。讲授对象包括：本科生、专修科生、函授生以及外国（朝鲜、越南、美国及非洲国家等）留学生。其间，他与黄达先生等一起编写《货币信用学》（中国人民大学出版社，1959年）。

"文化大革命"后期，萧清先生主要致力于经济史和经济思想史的研究工作，这为他后期的教学科研生涯聚焦于中国货币金融史和货币思想史积累了丰厚的学术资源。其主要成果包括：1.《北京的人民金融事业》（北京出版社，1962年。专著，全书10余万字，执笔6万—7万字，并负责全书文字统一工作）；2.《柳宗元集》（中华书局，1979年。古籍整理，全书15卷，约100万字，8人合作完成）；3.《〈管子〉经济篇文注译》（江西人民出版社，1980年。古籍整理，集体著作，参与统编组工作）；4. 1978—1985年全国哲学社会科学计划项目《政治经济学辞典》（许涤新主编，人民出版社，1980年。撰写"《盐铁论》""《钱神论》"等10条；作为《政治经济学辞典》编审组成员，参加该书《中国经济思想史》篇的统编及修改工作；为巫宝三任组长的"中国经济思想史"编审组的成员，并担负较多重要词条的撰写工作）；5. 1981—1985年国家科研计划项目《中国大百科全书·经济学卷》（中国大百科全书出版社，1986年，作为以巫宝三为主编的"中国经济思想史"学科分支的编审组成员，并担负该学科分支及"中国经济史"学科分支的一些重要综合性长条目的撰写工作，诸如"中国古代货币思想""中国古代货币拜物教思想""中国古代货币""中国古代纸币"等条目）。

在这些学术成果的基础上，萧清先生在中国人民大学复校后，就从事"中国货币史"和"中国货币思想史"课程的建设和教学实践。从1981年起，"中国货币史"成为中国人民大学及其分校的金融专业开设的一门新课。从当时全国高校范围来看，对这门课程作贯穿古代、近代通史性的讲授，该校独有。边教学，边撰著，萧清先生先后出版了《中国古代货币史》《中国近代货币金融史简编》两本专著。

在"中国货币思想史"方面，先生首先是为中国社会科学院研究生院经济系硕士研究生开设"中国经济思想史"课程，积累素材。从中国社会科学院研究生院经济系首届研究生起，历时五届，每届讲授2—3个不同的专题，诸如"春秋时代的经济思想"《国语》《左传》的经济思想""中国古代的货币思想""中国古代的货币拜物教思想与马克思的货币拜物教学说"等。这些专题，都是过去人们未曾讲授过的新专题。在此基础上，萧清先生撰著出版了具有广泛影响力的《中国古代货币思想史》一书，并据此给校内金融专业硕士研究生开设"中国货币思想史"课程，直至1990年离休。

二、 近代中国货币金融发展的主要线索

萧清教授的这本《中国近代货币金融史》(2024年再版)，简明论述了1840年至1949年的货币、金融机构和货币金融改革三个方面的发展演变。在16万字的短小篇幅里，进行了高度精炼的概括。在本书所述的历史时期内，世界范围内的货币与金融活动发生了革命性的变化，诸如中央银行制度和金本位制的建立、现代银行

制度及存款货币创造机制的充分展示、金本位制后管理货币时代的到来。中国在因鸦片战争被动地纳入世界体系的局势下，货币金融领域以"冲击—回应"的模式，进行应对和重塑，走了一条承受磨难、艰难探索和寻求自立的道路。

（一）货币形态：从"有货币无制度"多元复合（铜钱、白银、民间私票）货币体系到新型货币形态（银元、银行券）市场占有的提升

1840年鸦片战争后至1897年第一家民族资本银行中国通商银行建立期间，中国官方的财政计价货币是银两，市场实际流通的货币形态是银两、银元、铜钱、铜元、民间私票和外国钞票。在中国通商银行建立之后，流通货币又有中国自办银行自行发行具有信用货币性质的银行券。直到1935年11月3日法币改革，中国的货币流通是一个"有货币无制度"的时代，即各种货币形态多元并存互补流通，各种货币有着自身的市场圈，各种货币之间没有全国一体的兑换比价，同样是铜钱和白银的兑换，各地的比价不一。没有统一的计价基准形成本位制性质的全国一体的货币体系。由于西方势力的侵入，在货币形态的演进上，下列历史进程显明地体现出"冲击—回应"模式下的被动回应。

1. 从银两到银元。明朝英宗正统元年（1436年）开启的中国500年的"白银时代"，在近代（1935年法币改革前）体现为财政会计计价货币用银两，而市场通用货币是"银元"。银两的使用需要成色的鉴定、称重衡制的转换、"平色兑"规则的学习，在市场混乱的情况下，外国势力促使形成地方性的虚银两，诸如上海的

"九八规元"、天津的"行化",以及武汉的"洋例"等。银两不便使用的困扰,使得民间偏好银元。在西式银元流通侵蚀中国多年之后,中国自铸银元最早由两广总督张之洞于光绪十三年(1887年)在广州铸造。自此,虽然有清朝官铸银元、袁世凯银元等的铸造,但直至1935年都没有建立本位制度意义之上的全国统一银元制度。

2. 从铜钱到铜元。自从秦始皇公元前221年统一中国直至1911年,传统中国服务民间市场交易的主导货币形态都是方孔铜钱。铜钱使用的主要问题,始终是完好铜钱的供给不足。到了近代,由于观念和技术的变化,机制铜元成了地方政府财力筹集的手段,并可突破每个铜钱一钱的制度限制,铜元的面额亦如纸币,成为地方政府竞相铸造获取铸币税的利途。光绪二十六年(1900年)两广总督李鸿章在广州首先自铸铜元,开启铜元使用的新时代。一如自铸银元的诞生,近代新型货币形态的出发点,一改古代中国"货币革命出川峡"的格局,近代"货币革命出广东",这充分地展示了鸦片战争后近代中国被动纳入世界一体格局,中西接触的"广东优势"。

3. 从传统的私票到银行券。明代"大明宝钞"崩溃的历史,让清朝官方长时间将纸币的发行视为禁地。但咸丰年间的内忧外患,逼迫清朝政府发行强制流通国家纸币性质的"票钞",但以失败告终,退出历史舞台。然而,事实上,纸币这种新型货币形态在近代一开始便充当着流通手段的职能。纸币有两个来源,一是中国自身的民间私票,二是外国银行的银行券。私票(票号的票据和钱庄的庄票)之外,近代中国流通领域最早的银行券是外国银行发行的，外国势力在中国配合侵华渗透进程，不断扩大其市场范围。直至 1897 年中国通商银行的建立，中国自己的银行券方才登场。而这个时候，以英国为首的欧洲列强已经建立起中央银行制度，以金本位制为中心发行全国统一的信用货币——中央银行券。而中国还要经历长时期的多家银行的银行券并存使用和挤兑多发的自发银行竞存时代。银行时代的统一货币，还要等到 1935 年法币改革的到来。

（二）金融机构：从票号、钱庄到新式银行的组织转换

近代金融机构的转换，一是传统金融机构在近代的功能转换，二是西方新式银行在中国的拓展和自办银行的实验。

1. 传统金融机构的近代演化。 关于传统金融机构的近代演化，可以票号和钱庄的变化作为典型。票号在近代中国，与清朝官方势力相勾结，成为清朝官方财政款项解送的重要机构。而钱庄与外国银行相联系，以外国银行担保发行庄票，成为外国侵华势力在中国基层社会销售和收购特产物资的金融触角。实际上，在许多业务内容上，票号、钱庄与近代西方银行已经趋同，比如作为商业银行存在依据的存款和贷款业务。两者最大的不同，是组织形式和治理机制的差异。票号和钱庄固守家族企业的中国传统，在经营上不讲求科学的担保和相关技术，而仅凭人的信用和道德意义上的人格担保。票号由于不愿意实现组织机制的近代转型，1910 年橡胶风潮后特别是清朝灭亡、中国自办新式银行出现后很快退出历史舞台。而钱庄在 1935 年以前除了一般的融资业务外，由于银元与银两兑换的特种业务，有着自身的独特市场。法币改革之后，则沦为标准低

于银行的银行类似机构。与日本比较，近代中国银行不是在传统金融机构转身升华的基础上建立起来的，而完全是另起炉灶。

2. 外国在华银行的殖民经营活动。 在新式银行方面，首先是外国在华银行的活动。《南京条约》签订不久，最早的外商银行英国殖民地银行丽如银行就在中国建立分支机构。相当长的时期里，主要是西方列强的新式银行在中国的分支机构，典型的代表是，美国的花旗银行、俄国华俄道胜银行和日本的横滨正金银行。英国的汇丰银行（HSBC，香港上海银行公司）1865年总部设于香港，不久在上海外滩设立分行。19世纪70年代开始，它通过对华官方借款、代理中国的关税、盐税出纳、发行钞票获取铸币税和对侵华外国企业贷款，控制了中国的财政经济命脉。由于中国没有获得独立的主权，外资银行直到1949年中华人民共和国成立前还在中国大地上开展以殖民势力为掩护的不公平、不合理的业务活动。这与日本近代外资银行在日俄战争后基本退出日本，形成鲜明的对照。

3. 中国自办新式银行。 1840年鸦片战争，西方列强打开中国大门，西方银行伴随其军事侵略接踵而至。但是，长时间里中国没有自己的银行。日本1856年在西方压力下开港，很快就在1872年建立了第一家民间商业银行三菱银行，1882年建立官办银行日本银行，并于1897年伴随金本位制的实施成为日本的中央银行。在中日比较中，可见中国在金融应对中的滞后和落伍，值得我们深入思考。直到甲午战争被日本打败，中国在退无可退的情形下，志士仁人深感不实施政治改革和经济自立的强国策略中国将陷入灭国的绝境，出于铁路的兴建、矿山的开采以建立近代工业的需要，力主兴办银行，以期"通华商之气脉，杜洋商之挟持"。1897年中国第一家银行中国通商银行在上海外滩建立,从此开启了中国银行发展的历程。这个时期的银行,由于政治环境的影响,深深打上了时代的烙印。在20世纪二三十年代,尽管银行首脑多出身留学人员,但银行的治理和经营多为官僚资本控制。没有形成支持工业革命的"产业银行"体制,银行业务偏好商业流通领域和短期获利的项目。

西方新式银行在华渗透,包括经营中国对外赔款的白银业务,这些专题需要我们继续深入研究给予解明。无论如何,在外国金融机构的冲击下,近代中国金融机构在组织结构上,已经具有了近代形式。

由于篇幅所限,萧清教授的这本精炼之作,未及对股份公司制度进行过多的论述。实际上,较之银行的开办,1872年轮船招商局的成立,有限责任制度的中国实验更早地开启了。但是,1949年前中国股份公司制度的发展,热衷于政府目标的"资金筹集",与近代有限责任制度旨在治理机制的建立大相异趣。美国哈佛大学的中国问题学者柯伟林提出的"柯比谜团"[①],无论在反思近代中国的股份公司制度,还是在完善今天的有限责任公司制度方面,都值得认真对待。当代中国经济学在理论来源上只有西方一途,而无视中国既有实践并进行理论性总结的局面,只会付出更多的无谓代价!

(三) 货币金融改革:从屈从到自立的过程

在某种程度上,近代中国货币金融史就是一部不断改革的历史。就是西方列强在来华侵入中国的初期阶段,配合着各自的侵略

---

① 何平:《李宏龄的票号成败论与近代中国公司制度的缺失》,《中国钱币》2022年第6期。

势力就中国先前的白银使用惯例进行了改造，这就是"九八规元"等一系列地方性"抽象标准银"虚银两价值基准的形成。一方面，它们希望解决货币的价值尺度统一问题，另一方面又以各自的势力范围、与自己的利益最为相关的区域画地为牢形成"有限地域的价值尺度"。这里我们看到了列强希望控制中国又要分而治之在金融上的表现。最重要的货币金融改革，有如下列各点。

1. 清末民初的"本位之争"。 1815 年英国率先实行金本位制，西方列强于 19 世纪 70 年代先后实行金本位制，甲午战争对日赔款，以及"庚子赔款"中出现的"镑亏"，成为中国建立本位制度货币改革的基本动力。尽管有银本位制和金本位制的争论，由于中国没有独立的主权和对西方列强的屈从地位，直至 1936 年英国退出金本位制、典型的金本位制退出历史舞台止，中国还没有建立起真正意义上的本位制度，以致梁启超将白银中心型近代中国货币体系斥之为"物物交换"。本位制的争论及其政策过程，诸如在主权不完整的国家推行"金汇兑本位"的意义和后果，即使在今天仍然是研究货币理论的重要案例。

2. 废两改元。 1933 年的"废两改元"，是废除白银称量货币形式，利用白银铸币来实现货币主权的完整，以摆脱生银的流动直接动摇中国货币体系的不利境地。国内的钱庄势力因"洋厘"控制的丧失必然失去两元兑换的利润机会，予以反对。然而，即使是改用了银元，在白银受外国控制的情况下，仍然存在着不利的局面。这个改革只是走出了货币自立的第一步。

3. 法币改革。 单纯的废两改元，在白银的进出口受到外国势力的干预下，不可能形成稳定的货币体系。1929—1933 年美国引发的世界大萧条，美国在货币政策上改变美联储的储备比例，储备从此前的完全黄金储备，改变成"银一金三"，从而使得白银价格上涨，导致中国白银的大量外流。货币基础受到外国的直接影响，在国内政治形势和外国侵略压力下，1935 年 11 月 3 日，中国在没有外国贷款作为准备的情况下实施了法币改革。法币的定值以英镑为基准（法币 1 元＝英镑 1 先令 2 便士半），但 1937 年 7 月日本全面侵华之前因为自身的白银准备和数量控制，支持了经济发展，具有很好的产出效应。在货币形态上，中国实际上较早地实验了凯恩斯的"管理货币"理念。然而，随着抗日战争的爆发，这种在形势上实现自立的货币，却成了随意发行、国家强制使用的"国家纸币"。一个货币形式的革命，由于蒋介石政权的滥用，酿成人类历史上最为严重的恶性通货膨胀。

4. 金圆券改革。到了解放战争时期，由于与中国共产党领导的革命势力为敌，蒋介石政权的法币体系崩溃，1948 年 8 月 19 日不得不实施"金圆券改革"。其实质是以新的纸币，代替旧的巨幅贬值的纸币，以 1：300 万收兑法币的安排，可知法币贬值及其对使用者的财富掠夺程度。最为根本的是，利用这个纸币的替换过程，将社会上的硬通货黄金和外汇收归国有，为蒋介石的最后挣扎提供给养。金圆券的强制流通和巨幅贬值，成为纸币制度出现之后，又一个制度缺失和滥用的反面案例。

没有完整主权、不代表人民利益的政府，不可能实施有效的货币改革，进而建立起独立进步的货币制度。

三、革命根据地货币金融的实践与创新

中国共产党领导的革命势力，在土地革命斗争时期的红军时期，抗日战争的八路军时期，以及解放战争时期的革命根据地，都进行着货币和金融的创新性实践。

1. "红军票"的发行和红军时代割据性的货币及金融

红军时代的货币发行，既符合金融原理，也有因事因势的创制。大体说来，首先是以武装实现根据地的建立，控制一个区域市场。第二，通过抢占敌人物资和对反动势力的物资掠夺，以及银元的争夺和持有，作为货币发行的依据。第三，利用革命胜利的理想和有效的兑换安排，建立发行货币的公信力。

这几个要素，在各个时期都有相似措施和政策。1935年初红军在贵州遵义发行的"红军票"，是一个典型的例子。红军首先无偿抢占当地反动势力所有的食盐，发行"红军票"，以交易当地民众手中的物资。红军离开遵义时，安排以食盐等物资回笼"红军票"的善后程序。这种简约的货币发行和流通机制，充分地展示出货币的价值尺度的本质特征和流通手段的核心功能。

2. 延安时期八路军各根据地的货币与金融斗争

抗日战争初期由于国共合作，延安及各抗日根据地只能发行辅币和具有货币性质的商品券，来控制和活跃自己的市场。在与蒋介石政权的斗争中，实施反假币斗争、阵地斗争、比价斗争。而且进行了实事求是的"创制"，比如，不是简单地抛弃法币，而是在法币贬值过程中，快速利用法币在国统区抢购物资。不是简单地压低

法币的比价，而是注重阵地战，削弱法币在八路军控制区的市场能力。

1934年10月—1935年10月，陕北省、陕甘晋省、陕甘边区的边区银行发行边币，保持边币的独立性，进行国民党钞票的流通。1936年6月—1937年9月，中华苏维埃共和国国家银行西北分行，发行边区货币，依然保持其独立性。

1937年6月—1940年12月，陕甘宁边区银行，以光华商店名义发行"光华券"，作为法币的辅币。

1941年1月开始发行边币之后，全面禁止法币在边区的流通，确立边币的主权货币性质。

通过清偿保障、平准基金、汇兑比价管理，开创性地建立了独立自主的主权货币制度，提升了利用依靠外在强制力和内在信用创造货币的能力。

3. 解放区货币发行的"物资本位"。 早在抗战时期，关于货币发行，薛暮桥在回答美国新闻记者看到没有金银储备的疑问时，答复道我们采取的是"物资本位"。抗日民主政府控制货币发行量，勿使超过市场流通需要。我们每发一万元货币，至少有五千元用于购存粮食、棉花、花生等重要物资。①

在解放战争时期，实际上从抗战时期开始，我党就在根据地摸索出货币发行的规律。我们知道，自从纸币诞生开始，关于它的价值及其稳定性，人们首先是看它与本位币的关联及数量关系，后来发展为金本位制。这种抛开金属货币的锚定作用，注重与商品物资

---

① 参见薛暮桥：《山东抗日根据地的对敌货币斗争》，《财贸经济丛刊》1980年第1期。

的关系来管理货币发行和货币价值的实践，是对人类货币文明的贡献。

解放战争时期根据地银行随着战争的胜利，逐渐合并和统一，1948年12月1日在石家庄成立中国人民银行，发行人民币。中国共产党领导的革命势力带着自己的银行和货币进入北京，建立新政权，走了一条独特的货币金融道路。人民币自诞生那一天起，就没有从本位角度规定它的价值基础，而是通过发展生产实现的物资保证和合理货币数量的管理，建立起稳定的人民币制度。

四、建立中国特色金融文化不可替代的思想资源

近代中国货币金融史，不单纯是历史事实和知识的记述，它的曲折发展和演进，为今天的货币金融发展提供了不可替代的启示。较之中国古代货币史，中国近代货币金融发展的历程，具有更加重要的意义。因为现代金融起源于西方，在中国的最早引进和实验，则开启于近代。可以说，中华人民共和国成立乃至改革开放以来，对于中国货币金融的发展和演进，近代中国货币金融的历史提供了一面不可替代的镜子。

第一，货币形式的选择和价值基础。在1935年法币改革之前，以白银为主导的近代中国货币体系，是一个"有货币无制度"的多元并存互补的货币体系。不同的市场层级，对应着相应的市场，形成"上下不通，不能加总"的货币体系。不用说，这个货币环境支持的绝非一个全国统一市场。今天的货币形态已经发展到数字货币阶段，2008年全球金融危机滋生出比特币式的民间私人数字货币，

借助着哈耶克自由竞争货币理想，希望通过"去中央银行"化的民主货币建构解决货币滥发的问题。实际上，这是以部分人的民主代替整个市场主体的决策，以支配算法共识的少数人的另立中央来代替历史选择的中央银行制度。近代货币的混乱使用及其恶果，作为一面镜子会对这种借助科技革新迷惑人的伎俩和私利计谋做出明确的辨识。长时段的观察和思考，会消除短期自利的偏狭和狂妄。央行制度与央行法定数字货币的选择，是人类经验的智慧结晶。

第二，近代银行与政府的关系。这个问题关系到金融活动的效率，无疑会给今天提供有益的参照。要让商业银行承担资金供给的责任和具备持续盈利能力，既要在经济主体的塑造上让它成为一个市场主体，又因其供给货币的特殊地位，必然让它承担稳定货币币值的职能。节约和效率问题，风险和监管的匹配，近代以来的事例必然提供丰厚的教训。即使在业务的形式上，银行注重短期获利流通商贸贷款，而无垫款生产的产业金融特质，迄今也影响至深。信用货币时代的货币创造和银行经营，还与主权的完整息息相关。在这个意义上，银行和金融活动的国家利益都是不可忽视的核心问题。近代金融史上汇丰银行对中国财经主权的侵蚀昭然若揭，它的总部从来就在香港，而在1997年香港回归中国前的1992年迁移注册到英国伦敦，可见西方世界对于金融机构使命和金融活动的理解。这会给那种"金融无国界"的幼稚病提供一服清醒剂！

第三，有限责任的误读与滥用。不顾自身发展环境和所处阶段，误读有限责任制度，强调其巨额筹资功效，而忽视其在公司治理机制上的特定功能，在近代已有充分的表现。今天中国的经济建设，应当吸纳人类一切知识积累和智慧，既从自身近代过往的经历中汲取教训，又从西方制度中汲取精华，才能达成正确的认知和政策选择。今天常有这样的现象，一方面觉得近代中国的经历，苦难故旧，不必学习，另一方面，对于西方现行的制度，不能解读原生案例和文献以求其精神实质，打着抱持自身特色的旗号，仅凭模糊的二手中文文献取其形式。结果将有限责任制度仅仅作为"圈钱"的工具，在基本制度不完备的情况下，希望在次级层面的交易技术和衍生产品的设计上弯道超车，结果事与愿违。时下股份公司的积极投资者（既持股又直接经营管理）减持跑路的"抢钱"乱象，只有痛切地反省近代以来直至今天中国有限责任制度实验的教训，通过数十年的诚实努力，建立盈利分红的上市公司体制和企业经营管理者长期主义的行为准则，才能体现有限责任的制度优势。

历史是一种思考方法，当我们短视、狂妄、自利以致应有的制度效应难以出现时，读一读近代货币金融史，就会让我们进入澄明之境，变得冷静和清醒。在中国的现代化进程中，自然应当积极追踪学习西方经济金融理论的现代发展，但同时需要明了，适合中国的理论重塑与政策选择，近代经济金融史是宝贵的不可替代的思想资源。

十分幸运，萧清教授这本精炼的著作，为我们回望近代以来的货币金融实践提供了指引和启示！

何　平
中国人民大学财政金融学院货币金融系教授
中国金融学会金融史专业委员会副主任委员
2024 年 3 月 18 日

目录

第一章 鸦片战争前后中国的白银外流及其影响

第一节　鸦片战争前后的白银外流 // 003

第二节　"银荒"及银贵钱贱对经济及各阶级的影响 // 007

第二章 太平天国运动爆发后清政府的通货膨胀

第一节　清政府的通货膨胀政策及其实施 // 017

第二节　通货膨胀对社会各阶级的影响 // 023

第三章 银两制度与银两流通

第一节　实银与虚银；银两的成色与平砝 // 029

第二节　银两流通制度的发展、"上海规元"；

　　　　宝银的铸造与鉴定 // 034

第四章 外国银元的流通；中国自铸银元、铜元及其流通

第一节　外国银元的流通 // 039

第二节　本国自铸银元及其流通 // 043
第三节　新式铜元的铸造与流通 // 048

第五章　外国在华银行及其活动；本国新式银行的设立及旧式金融机构的发展与变化

第一节　外国在华银行及其活动 // 055
第二节　中国新式银行的设立 // 061
第三节　中国旧式金融机构的发展与变化 // 065

第六章　北洋政府统治时期的货币与金融

第一节　本国银元的广泛流通与趋于划一 // 075
第二节　两元并行及其弊害 // 081
第三节　纸币流通的发展；"京钞风潮" // 085
第四节　中国银行业的成长与发展 // 091

第七章　废两改元与法币改革

第一节　金贵银贱及其影响 // 101
第二节　废两改元 // 106
第三节　白银风潮与法币改革 // 111

第八章　国民党统治区的恶性通货膨胀

第一节　延续十二年的通货膨胀 // 119

第二节　恶性通货膨胀对各阶级的影响 // 129

第九章　四大家族官僚资本主义的金融垄断

第一节　四大家族官僚资本主义金融垄断体系的形成 // 135

第二节　官僚资本主义金融垄断的极度发展 // 141

第三节　国民党政府统治时期的国债 // 149

第十章　革命根据地的货币与金融

第一节　革命根据地货币信用体系的建立及其意义 // 157

第二节　革命根据地的货币发行与对敌货币斗争 // 161

第三节　革命根据地银行的业务与农村的信用政策 // 170

附　录　金融统计 // 175

第一章

鸦片战争前后中国的白银外流及其影响

第一章
鸦片战争前后中国的白银外流及其影响

第 一 节
鸦片战争前后的白银外流

鸦片战争揭开了我国近代史的篇章,中国从此一步步地走向半殖民地半封建的社会。

在西方资本主义的侵略下,在鸦片战争前后,我国白银大量外流,形成货币危机"银荒",对当时整个国民经济及社会各阶级均产生严重的影响。

由于我国封建社会中商品经济的发展,从明代中叶贵金属白银已经成为流通中普遍通用的主要货币,大宗交易用银,民间日用零星小数用钱。自清朝入关以后,清政府的财政收支始终都是采用银两为计算标准,一直奉行以银为本的货币政策。如乾隆十年(1745)上谕就言:"用银为本,用钱为末。"① 而经过清代前期百数十年社会生产的恢复和发展,国内银矿开采及海外白银的流入,到

---

① 《皇朝经世文编》卷53,陈宏谋《申铜禁酌鼓铸疏》。

乾隆（1736—1795）末年国库存银达 7 000 余万两，这一期间，由于币材银、铜均供应充足，国内银、钱两种通货的使用，大致是白银一两换铜钱一千文，比价基本保持稳定，货币流通状况亦较正常。

可是进入十九世纪，清王朝到了嘉庆（1796—1820）时，特别是自道光朝（1821—1850）以后，社会危机及财政危机开始凸显，而且日趋严重，嘉庆年间的白莲教起义运动，致使国库存银耗费殆尽，而嘉庆后期，西方资本主义开始侵入，可耻的鸦片走私导致大量白银外流，促使银贵钱贱，正常的货币流通状况便遭受破坏了。

关于白银外流，据官书记载，最初在嘉庆十四年（1809）时便发生了，据言其时已有"银两偷漏出洋之弊"①。因而曾下旨饬查，并申明银两出洋之禁。到嘉庆十九年（1814）时，内地银两被偷运出洋的，据云每年计竟至百数十万两之多，因而白银外流迹象趋于明显；及至道光年间，事态便日趋严重了，这时人们也多看清导致白银外流的主要原因就是鸦片走私，如当时人黄爵滋（1793—1853）奏言：道光三年（1823）以前，每岁漏银数百万两，自道光三年到十一年，岁漏银一千七八百万两；自十一年至十四年岁漏银二千余万两；自十四年至十八年则增至三千万两。因而他愤激地说："以中国有用之物，填海外无穷之壑，易此害人之物，渐成病国之忧，日复一日，年复一年，臣不知伊于胡底！"②而林则徐（1785—1850）则对西方资本主义走私鸦片，致使中国弥漫毒雾，

---

① 清代钞档：御史黄中模折《请严禁海洋偷漏银两》，道光二年二月十二日。
② 清代钞档：鸿胪寺卿黄爵滋折《鸦片八口纹银外流请严塞漏盾》，道光十八年闰四月初十日。

白银外流的情形谴责说:"鸦片以土易银,直可谓谋财害命!"①

综合当时整个进出口贸易的顺逆差情况,十九世纪三十年代中国所流出的白银,每年平均当近一千万两。

大量的白银外流,直接引起国内流通界支付手段与流通手段的不足,形成"银荒",这是我国封建社会由外国资本主义经济侵略而引起的前所未有的一次货币危机,而货币流通领域中所急骤发生的银贵钱贱现象,则是这一危机的主要表现。

伴随着大量白银外流,原来的银、钱比价比较稳定的局面被破坏了,银价日贵而钱价日跌,尤其是道光十年(1830)以后,银贵钱贱问题日益严重,黄爵滋于道光十八年(1838)说:"近来银价递增,每银一两,易制钱一千六百有奇",道光十九年(1839),包世臣(1775—1855)说:"天下之苦银荒久矣,本年五月江西省城价长至制钱一千兑纹银六钱一分,是银每两为钱一千六百三十余文"②;而根据现保存下来的宁津县大柳镇统泰升记商店账册所结算的数字③,可知在嘉庆十五年(1810)以前,围绕银一两千文的比价,变动的幅度不大,1810年起,超过1 100文,其后趋势一直上升,到鸦片战争前夕的道光十九年(1839),银价则高至1 678.9文。

鸦片战争以后,由于英国侵略者的直接军事掠夺与战争赔款,中国的"银荒"及白银外流越发严重了。在鸦片战争期间,即自1840年7月至1842年7月间,英军在定海、广州、厦门、舟山、

---

① 清代钞档:两江总督陶澍、江苏巡抚林则徐折《会奏查议银昂钱贱,除弊便民》,道光十三年四月初六日。
② 包世臣:《安吴四种》卷26,《银荒小补说》。
③ 严中平:《中国近代经济史统计资料选辑》,表30《白银外流下的中国银钱比价 1798—1850》,科学出版社1955年版,第37页。

镇海、宁波、镇江等七个城市直接掠夺中国商民和官库的纹银和现金，据不完全的计算，有 730 万余元。鸦片战争以后，即 1842—1845 年，又勒索赔款 2 100 万元，二者总数至少在 2 830 万元以上。然而更多的是鸦片战争后约十年间对外贸易逆差而引起的白银外流；五口通商以后，大宗洋货特别是鸦片被大量公然偷运进口，而导致更多白银流出，对这一情况，冯桂芬（1809—1874）说："盖通商五口，出入各货略相抵，独鸦片价皆以现银出洋，计每年漏银二三千万两，故银骤贵。"①

由于中国并不是一个产银很盛的国家，鸦片战争前年产银至多不过四五百万两，因而大量白银外流造成国内存银和流通界银货骤形减少，使得"银荒"便更形加剧，国内各地的银贵钱贱现象也都更加剧烈了，如王庆云（1798—1862）言及 1844 年时的情形说："至今日每两易钱二千，较昔钱价平时盖倍之，较贵时几及三倍。"② 包世臣于 1846 年时也言："南方银一两皆以二千为准，北方闻更增于此。"③ 而据前所述及的北直隶宁津县大柳镇统泰升记账册记载，这一年银一两兑换的制钱数则正约为 2 200 文。综合此后全国各地总的情况看，据清代各省督抚奏报档案资料记载，到 1850 年前后，福建、湖南、江西和江苏等省的市价，平均都是银一两换制钱 2 000 文左右，而直到 1853—1856 年间，如云南、江苏等省的银、钱比价，一般仍维持在银一两换制钱 2 000 文左右，其他如陕西、河南、湖南、浙江、北京等地则超过此数，最高有达到银一两换钱 2 700—3 000 文者。

---

① 冯桂芬：《显志堂稿》卷 11，《用银不变钱议》。
② 王庆云：《石渠余记》卷 5，《纪银钱价值》。
③ 包世臣：《安吴四种》卷 26，《致前大司马许太常书》。

第二节
"银荒"及银贵钱贱对经济及各阶级的影响

"银荒"及银贵钱贱对国民经济产生非常不利的影响。

首先,银贵钱贱这一银、钱比价的剧烈变化,使得当时国民经济的两个最基本的生产部门:农业和手工业的生产受到严重的损害。现仍以北直隶宁津县大柳镇市场情况为例,根据统泰升记商店账册保留的零售物价资料计算,1843—1850年银价上涨24%—67%,而同期农产品大米、花生的零售价格与鸦片战争前(1821—1836)比较,则几乎未涨或涨价很少,白银对农产品的购买力,与米比较,增长33%—64%,对花生则为20%—47%。在手工业的零售价格方面,白银对蒲席、酒、木炭、桐油、赤砂糖、白毛边纸、铡钉、南铁、甬铁和改锅等十种产品的购买力,则提高22%—44%,而就1850年这一年间的情况看,手工业零售价格涨21%左右,但白银对手工业产品的购买力则增长了37%。

所以，鸦片战争后，用制钱表示的农产品和手工业品的价格，仍比较平稳，可是银价急骤上涨，对比而言，相应银价上涨则意味着工农业产品价格大为跌落，因而就使得农业、手工业的商品生产受到损害，尤其是商品经济较发达的江南地区更为显著。所以当时人包世臣就曾说："蚕、棉得丰岁而皆不偿本，……推原其由，皆由银贵。"① 而徐鼒（1810—1862）则说："盖自谷帛贱于银，而农桑之利夺矣，农桑之利夺，而耕织之人少，耕织之人少，而谷帛之所出亦少矣。"②

其次，银贵钱贱对于商业也产生不利的影响。对于当时经济中居于重要地位的盐业来说，如王庆云就指出："各省盐务滞销，因由银价昂贵。"③ 吴嘉宾：（1803—1864）则更为具体地说："银价日昂，盐务尤被其累，盖民间买卖用钱，商人赴场领盐纳课俱用银，银价加昔一倍，即系以一岁完两岁之课，是病商也。"④ 对一般商业也同样有不利的影响。因为，按照商业习惯，"民间各种贸易、往往趸置论银，而零卖论钱。银贵以来，论银者不加而暗加，论钱者明加而实减。以是商贾利薄，裹足不前"。所以，到道光末年时，竟在一些地方造成"富商大贾，倒罢一空，凡百贸易，十减五六"⑤ 的情形。

银贵钱贱对于财政、税收也产生有害的影响。还在鸦片战争前（1832年，即道光十二年）给事中孙兰枝就奏言：地丁、漕粮、盐

---

① 包世臣：《安吴四种》卷26，《致前大司马许太常书》。
② 徐鼒：《未灰斋文集》卷3，《务本论·罄辨篇第三》。
③ 王庆云：《王文勤公奏稿》卷4，《户部存稿·户部议复福建巡抚陈奏盐务折》。
④ 吴嘉宾：《求自得之室文钞》卷4，《钱法议》。
⑤ 《显志堂稿》卷11，《用钱不废银议》。

课、关税及民间买卖，皆"因钱贱银昂，以致商民交困"①。而鸦片战争后由于银贵钱贱更形加剧，因而就使得政府财政收入日益减少，国库空虚而造成财政危机，以国家正供之地丁收入言这时每年皆征不足额，而且"旧欠既已延宕，新欠又复踵增"。据户部报告，1843年以前统计全国各省积欠地丁等银共5 934 800两，从1843—1847年，各省又续欠地丁银2 664 800两，到1847年年底各省又续欠地丁银1 065 300两，总共银9 084 900两；截至1848年年底，各省陆续完报并豁免的地丁等银共280万两，还欠770万两之多，这笔地丁欠款，接近鸦片战争后国库每年贮存的银数。再如当时岁入数中占重要地位之盐课言，也是"迩年引滞商疲，总未足"，据计算，每年实征银数只占到定额的66%左右。在这种情形下，就使国库入不敷出，出现严重超支现象，如据户部银库大进大出黄册档案资料表明，各年超支银数：1843年为1 279 946两，1848年为37 210两，1849年为559 017两，1850年为2 375 925两。就在这种"部库支绌日甚一日"的困境下，财政危机也深化了。

除此，在信用领域方面，到鸦片战争前，适应社会经济及商业发展的需要，钱庄（包括钱铺、钱店、钱局）、银号、票号等信用机构，也已在全国各省相当普遍地建立起来，并使钱庄日益成为其时商业、金融的枢纽，如北京自康熙年间（1662—1722）至道光十年（1830）以前，开设的钱铺有389家，道光十年以后又开设122家，总计这些挂幌钱铺共511家。此外如金店、参店及烟布等各铺附带经营兑换银、钱而没有挂幌者，还不在内。上海的钱庄，据钱

---

① 清代钞档：给事中孙兰枝折《江浙两省钱贱银昂商民交困宜清积弊》，道光十二年闰九月十一日。

业公所"内园"碑记所载的钱庄名数,在1776—1796年则有106家。对于这些经营信用及货币兑换业务的钱庄来说,银、钱比价波动与银贵钱贱现象,显然会助长他们从事投机的活动。如在鸦片战争前道光十三年(1833)时林则徐就言及:"近年来银价之贵,州县最受其亏,而银商因缘为奸,每于钱粮紧迫之时,倍抬高价"①云云。鸦片战争后由于银贵钱贱问题愈益恶化,并不断引起市价剧烈波动,因而货币买卖的投机活动也更为加剧了,如在战后银价开始猛涨的1845年,"半年之间,银价自一千五百文骤长至二千文有零",就是"市侩串抬"造成的。②在市价剧烈波动的情形下,也便不免有些钱庄由于投机活动失利,而发生"关门逃匿""暮夜关歇潜逃"事情。所以,银贵钱贱、银钱比价不断波动,在信用领域方面,助长了钱商的投机活动,甚或引起金融恐慌现象。

银荒及银贵钱贱波动,对社会各阶级产生不同的影响。

首先,地主阶级会受到一定的不利影响。如前所言,银贵钱贱波动中,银价比较农产品米、麦等的价格贵得多,而当时官府规定,漕粮多收折色、地丁必须纳银,因而地主阶级作为农产品的占有人及土地赋税缴纳者,便居于不利的地位,所以曾国藩就说:"银价太昂,钱粮难纳。"他叙述当时的东南产米地区的情形说:"每田一亩,产米自一石五六斗至二石不等,除去佃户平分之数,与抗欠之数,计业主所收,牵算不过八斗","计每亩所收之八斗,正供已输其六,业主只获其二耳"③。即地主们为缴纳赋税,要从

---

① 林则徐:《会奏查议银昂钱贱、除弊便民折》,道光十三年四月初六日。
② 吴嘉宾:《钱法议》。
③ 曾国藩:《曾文正公全集·奏稿,卷一》,咸丰元年十二月十八日,《备陈民间疾苦疏》。

全部地租收入中拿出 3/4，自己只剩下 1/4 了。

其实，地主阶级中因政治权势的不同，从来都是以贵贱强弱而定赋税负担的多寡的，1846 年的一份官府报告中就讲到：江苏附完纳钱漕，"绅富谓之大户，庶民谓之小户，以大户之短交，取偿于小户，因而刁劣绅衿，挟制官吏，索取白规，大户包揽小户，小户托大户"①；所以，有权势的地主，总是采取各种伎俩，把负担转嫁给中小地主及自耕农民，即人们通常所讲的"剜小户之肉，补大户之疮"的情形；而不论大小地主，为了转嫁银价腾贵的负担，则又无不尽力设法采取诸如增高过庄押租、增租夺田之类的手段，对佃户们加重剥削与榨取。

其次，对于商人及高利贷者的影响，如前所言，银贵钱贱波动给盐业及一般商业带来不利的影响，致使"各省盐务滞销"，造成盐商的赔累，一般商业也蒙受其害，在这种情形下，商人们便采用抬高商品价格，加重对消费者的剥削等办法来转嫁负担，如与人民日常生活密切相关的盐、米等价格就无不涨价。吴嘉宾说："民间买盐用钱，商人赴场领盐纳课俱用银，银价加往日一倍，……盐价照银，亦加往日一倍"②；包世臣则说："盐、米必需之物，商贾买之以银，卖之以钱，故物价腾涌。"③ 除此，也有一些商业资本转向购买其时跌价的田地，或投向勒索获利的典当等高利贷事业中去。

在银贵钱贱波动中，由于白银成色有高下，价钱有赢缩，因而

---

① 《清宣宗实录》卷 435，第 9—10 页。
② 吴嘉宾：《钱法议》。
③ 包世臣：《安吴四种》卷 16，《再答王亮生书》(1837)。

经营货币兑换业务的钱庄便可乘时射利，即乘其贱时收之，贵时出之，而且收付之时还不免"压色""压平"以获取不正当的利益；尤其是以贫民为高利盘剥对象的典当业，其手段就更为苛刻了，如湖南长沙的当铺，在进行典当业务时，"出银不过九四、九五，每两必轻三分、二分，进银则要十分足色，每两必重秤三分、二分，是名虽加三，实则加四、加五，牟利剥民"①。

然而在鸦片战争后，伴随五口通商以后，商人阵营在各通商口岸都出现一些买办商人，如在广州就有一些唯利是图的商人，从事推销外国进口的洋货呢羽等商品，而一时"开设洋货店者不绝"，仅在同文街等处即达200余家之多，② 这一商人集团则是鸦片战争后银荒年代中最显著的获益者。

在鸦片战争后银荒及银贵钱贱波动中，受损害最为沉重的，就是城镇小商小贩、手工业者及农村中广大的农民了。

城镇的小商小贩，"业微业、利微利"，本小利薄，经营一些为居民日常生活所需用的物品，主要依靠这些商品的批发、零售间的些微差价获利谋生。但在鸦片战争后，市肆百物随银价而腾贵，闾阎百姓贫困，一般购买力萎缩的情形下，城镇小商小贩也就不免陷于困境，于是"向之商贾，今变而为贫民，向之小贩，今变而为乞丐"③ 了。

至于城镇手工业生产者，他们大宗购进原料时要用银两，而

---

① 张延珂等纂：同治《长沙县志》卷19。
② 中国史学会编：《鸦片战争》第四册，道光二十三年《广东探报》，神州国光社出版，第236页。
③ 王延熙等辑：《皇朝道咸同光奏议》卷38，刘良驹《请饬定银钱划一章程疏》。

出售产品所得则是贬值了的铜钱,而如前言,各种手工业产品的价格皆落后于银价的腾涨,所以当时人吴嘉宾就指出:"银积于上,钱滞于下,凡布帛菽粟、佣工技艺以钱市易者,无不受其亏损",手工业作坊老板生意亏损,而作坊中的一些手艺工人,"佣一年工,只易五两银,佣值岁不过十千"①,因而他们的生活也就更苦了。

银荒及银贵钱贱对农村广大农民的损害与打击,最为显著而沉重。吴嘉宾说:"近银价日昂,小民完粮愈不能支,卖十石谷只易三两银,谷每石六百,银每两值钱二千。"② 时任刑部左侍郎曾国藩也说:"自银价昂贵以来,民之完纳愈苦,官之追呼亦愈酷"③,所以在一些自耕农民中便出现了尽卖田宅还不足以完粮纳税的情形。而失去土地,以佃耕为生的佃农们,在地主为了转嫁银荒负担更加加重剥削的情形下,生活也更沦于困境。当时,地主在租佃土地时,往往都要求先纳若干银两,增高进庄的押租钱,有些官田、庙田等公田及某些私田,多采用货币地租,或以货币按一定比例用实物折租,在银价上涨后,折租便都要求用更多的农产品来折收银两;还有许多地主,甚至进行夺佃增租以加重对佃农的榨取。这样,就在上述各种情况下,以土地问题为中心的中国社会矛盾加剧了,许多地方不断发生抗粮、抗租的斗争,并终于在内忧外侵声中,于咸丰元年(1851)爆发了波澜壮阔的太平天国运动。

至于以白银外流、银贵钱贱波动为标志的"银荒",则持续到

---

① 吴嘉宾:《钱法议》。
② 吴嘉宾:《钱法议》。
③ 曾国藩:咸丰元年十二月十八日《备陈民间疾苦疏》。

咸丰五、六年，这时，中国对外贸易出口增加，一年中卖丝至六七千万两，从而遏止住了白银外流及银贵钱贱情形，形势至此一变。大体从此以后，直到清末，银钱二者比价，大致皆是白银一两换制钱 1 500 文。

第二章

太平天国运动爆发后清政府的通货膨胀

第二章
太平天国运动爆发后清政府的通货膨胀

第一节
清政府的通货膨胀政策及其实施

太平天国运动爆发以后,清政府的财政危机急骤恶化了。到咸丰三年(1853)时,户部奏称:"两载以来,军需河饷糜帑已二千数百万两,以致度支告匮,筹画维艰"①,而据该年六月十六日户部密折言:"自广西用兵以来,迄经三载,经臣部奏拨军饷及各省截留筹解,已至二千九百六十三万余两,……户部银库,截至本月十二日止,正项待支银仅存二十二万七千余两。"② 于是就在"请饷纷纷,日不暇给""中外经费,同时告竭"的情形下,清政府肆无忌惮地实行了通货膨胀政策。

清政府在咸丰(1851—1861)年间借助通货膨胀筹措军饷,对

---

① 《清续文献通考》卷20,《钱币二》。
② 清代钞档:管理户部事务祁寯藻等密折《沥陈库款窘迫军饷难筹情形》,咸丰三年六月十六日。

人民财富进行搜刮与掠夺，主要是通过铸行大钱、发行票钞两种形式进行的：

一、铸行铜、铁大钱。咸丰三年五月首先开铸当十铜钱；八月，增铸当五十铜钱，十一月更开铸当百、当五百、当千大钱，咸丰四年正月铸当五大钱，三月则又开铸当十铁大钱。铁钱尚有当五、当一者；后来还曾铸造当一铅钱。

二、发行官票、宝钞。咸丰三年五月，开始发行"户部官票"，简称官票，又称银票或银钞，以银两为单位，面额有一两、三两、五两、十两、五十两等，同年十一月，又发行"大清宝钞"，简称宝钞，又称钱票或钱钞，以制钱为单位，面额有五百文、一千文、一千五百文、二千文，后又增发五千文、十千文、五十千文、一百千文等。

这种官票、宝钞，初发行时，规定出纳皆以五成为限，并使民间完缴地丁钱粮与关税盐课及一切交官款项等，皆须用票、钞与银两、制钱相辅而行。

除此，清政府还直接设立官银钱号，发行"京钱票"；这些钱票形式上是兑换券，实则多是"架空"发行，并不能保证兑现，主要供财政透支之用，实际是暗中施行政府无限制的发行方针。①

---

① 1853年4月，户部奏准设立第一批官银钱号，即乾豫、乾恒、乾丰、乾益，俗称"四乾官号"；内务府从1854年起，也设立天元、天亨、天利、天贞、西天元五座官号；户部"四乾"、内务府"五天"，习惯合称"乾天九号"。1854年10月，户部又设立五家官银钱号，即宇升、宇恒、宇谦、宇泰、宇丰，俗称"五宇官号"。乾天九号的设立，主要是用户部宝泉局、工部宝源局所铸钱文作为"票本"，发行"京钱票"，用以发放八旗兵饷，即所谓"承办饷票"。其具体方式：由户部按月将户、工两局所铸铜大钱及一部分现银，交乾天九号承领，作为"票本"，而乾天九号则照数开出京钱票送交户部，备充八旗兵

第二章
太平天国运动爆发后清政府的通货膨胀

清政府借助通货膨胀,搜刮民财以填补财政亏空的目的是明显的,手段也是卑劣的,如当千铜大钱,重二两,面额价值规定每枚等于制钱1000文,但它的实际金属含量则仅值38文,即每枚钱强制增值962文,铸造这种大钱,按工本计算,所获净利则达7.8倍,就是当百大钱也可"一本二利",当五十者则"一本一利",而铸造铁大钱,因铁价更低,据计算,每炉每日所获盈余则合制钱20—30千文。所以,这些铜、铁大钱的铸行,自始就受到人民的抵制,据说,用大钱买物,铺商都称说无法"找零",或言"字画不清""声音不响"等借口,不肯使用,因而"每有手持大钱不能易米而食者"①,尤其是因大钱"折当"过多,当时用数百制钱购买铜一二斤,便可铸造当千大钱十余个,其利不止十倍,因而"盗铸如云而起",虽严刑峻法也无法遏止。所以,就在这种情形下,未及一年,清政府便不得已,于咸丰四年(1854)七月前后,使当千、当五百、当三百者相继停铸。咸丰五年(1855),当百、当五十者也停铸,其后主要只是铸当十大钱行使了。

可是,当十铜、铁大钱的行用,也并不顺利,咸丰五年时,在京城是"一出京门,竟不能用"。京城以外各地,如顺天、直隶各属州县及山东、山西近京省份,以至江南、淮上等地,也是"官收

(接上页)

饷。户部发给的现银、现钱,乃按市价折合京钱计算,故京钱票愈跌价,户部所得则愈多,如1859年6月—1860年5月,官号领银97 000两,折合京钱票则达1 298 239吊之多。五宇官号的设立,主要是为了发行"京钱票"收兑宝钞,支持宝钞在民间的行使,即所谓"承办钞务";具体办法:五宇官号代为收兑宝钞,实际也未设置现金准备。不过将铁钱局所铸铁钱用作"钞本",不足部分则增发钱票。

① 清代钞档:管理户部事务祁寯藻密折《大钱不能畅行请酌减铸额》,咸丰四年八月初三日。

民用，尚未流通"。当时人黄钧宰记述当时的情形说："咸丰五年秋，道过清江，闻车声辚辚然来，视之，钱也。问：'何为？'曰：'铸钱。'曰：'何以以钱铸钱？'曰：'帑金不足，官府费用无所出，今毁制钱为当十大钱，计除工资，十可赢四五，则何为而不铸？'是年冬，再过清江，闻车声辚辚然来，视之，大钱也。问：'何为？'曰：'铸钱。'曰：'何为又以大钱铸钱？'曰：'大钱不行，报捐者买之，当十只值一二，今毁大钱为制钱，而又小之，和以铅砂，计除工资，一可化三四，则何为而不铸？'"① 在这种情形下，到咸丰八、九年以后，每枚当十铜大钱的行使，仅可折合制钱二文、铁制钱二十文。自此以后，直到十九世纪八九十年代的光绪年间，京城仍继续行使当十铜大钱，但一直只是作二文制钱使用。

作为搜刮民财、填补财政赤字的手段，发行不兑现纸币被封建政府视为不涸的财源，认为"造百万即有百万之利，造千万即有千万之利"②。如宝钞一张，工本仅需制钱一文六毫。因而滥发票钞，其行径比较铸造劣质铜、铁大钱来说尤为贪酷，事实也正是这样。据大致计算，咸丰朝所发通货，铜、铁钱约占15%，而银票、宝钞则约占85%。

纸币一旦进入流通，就要受其自身的内在规律支配，因而不论是户部官票或宝钞，发行之后便都迅速贬值了。户部官票于咸丰三年五月发行后不久，就因持票人"无从取银"而致市肆"收者渐稀"；而宝钞的发行更不顺利，一开始就受到京师人民的抵制，"有

---

① 黄钧宰：《金壶遁墨》卷2，《大钱》。
② 清代钞档：咸丰四年三月二十七日闽浙总督王懿德奏语。

以钞买物者,或故昂其值,或以货尽为词",因而内外城兵民及大小铺面,全都"视钞法为畏途",人们甚至把"钞票"戏呼为"吵票"①。1854年7月,以钞一千只能易制钱四百至五百文;1856年年底,官票一两,京师市商交易仅值制钱八九百文,而当时市上银价每两可兑换制钱2 750—3 000文,因而官票已贬值30%;1859年年末,在京城,银票每两仅值京钱②五六百文,而实银则每两值京钱十二千有奇,是二十两银票,仅抵实银一两。所以,银票市价已跌至其面额的5%。这样,到1861年秋后,民间所存官票,互相惊疑不用,几同"废纸";而这时,宝钞每千也是仅值当十钱一百余文,实际皆已为人们所唾弃。

在京外各省有官票、宝钞流通的地方,情形也是这样,如在河南,1855年9月,市上票银一两、宝钞一千,均止易四五百文。在河东河道所在的山东济宁州一带,宝钞开始行使时,每千尚可易钱六七百文,1857年后,宝钞一千仅易钱二百余文;到1858年,价值更低,就"势将成为废纸"了。在河南河道所在的江苏淮阴县清江浦一带,宝钞行使以后,不久就贬值至每千售钱二三百文,到1857年年底,"竟无收受之人"。所以,官票、宝钞,皆仅发行约十年,就全都崩溃而停止流通了。

至于清政府开设的官银钱号所发行的京钱票,首先是承办钞务的"五宇官号",因1857年上半年当十铁大钱贬值崩溃,于是到该

---

① 鲍康:《大钱录》。
② 京钱,是清代北京地方特有的钱制,京钱二文合制钱一文。咸丰十一年十一月十六日,京堂联捷折:"京中行使钱文,向来以一当二,谓之京钱,推之千万皆然,二百年来安常习故,一律流通,即外省绅商来京者,亦行之甚便。"

年 8 月便终于因挤兑而停闭清理；到 1861 年，"乾天九号"也因宝钞及官号京钱票均急剧贬值，京师各行铺户和居民藏票多者，争出而买银，藏票少者，群起而换钱，便也终于在该年 7 月被挤兑垮了，而最后结束了官号的京钱票的流通。

第二章
太平天国运动爆发后清政府的通货膨胀

第 二 节
通货膨胀对社会各阶级的影响

清政府实行通货膨胀政策,使最高封建统治者及统治阶级的有关集团获得巨大利益,对人民经济生活则带来损害,并成为劳动人民的灾难。

关于封建政府从通货膨胀中所获得的财政利益,据计算,仅中央政府于1853—1861年期间,大钱和各种票钞的发行,就折合约白银6 000万两;而同一时期,国库收入总计为8 600余万两,所以,靠发行大钱、票钞的收入数额,竟约占国库总收入的70%。

许多地方政府机构和官吏,在此期间,则广泛利用税收"罔利营私",对大钱、票钞采取"拒收、买抵"等手段,肆行聚敛民财,如咸丰五年(1855)时,"河南省州县于征收钱粮时,专收银钱,不收票钞,解司之时,则收买票钞,按五成搭解"[①],这种情

---

① 《东华录》咸丰52,五年九月十四日李钧奏。

况是带有普遍性的，许多州县当小民百姓用大钱、票钞赴官交纳时，都要遭受粮房书吏百般抑勒，钞票则苛索其由来，大钱则吓其私铸，多方加以刁难，必不使其搭交而后已。

大商人也从通货膨胀中获利，尤其是钱商。由于各种铜、铁大钱及官票、宝钞的发行与在市面上的并行流通，形成市场多种价格，便为银、钱投机造成有利条件，因而使得银钱业曾一时呈现畸形繁荣，如在1859年9月，京城内外先后开设的挂幌钱铺就有511家，而像金店、参店及烟、布等店铺带换银钱未挂幌者还不在此数；这些钱商"架空腾挪"发行钱票，通过倒卖银、钱、票、钞，操纵钱价等而投机获利。

至于一般大商人，也利用物价波动，纷纷囤积商品，并利用大钱贬值，乘机盘剥刁难。如在售卖商品时，或则借口"花漏"，百般挑剔，或以"货缺"为辞，故意抬高价格而牟取高利。

通货膨胀给正常的经济生活带来损害，破坏了城乡之间、各地之间的经济联系，促成价格悬殊，物价不断上涨，像京师北京这样的大消费城市，麦面、肉、菜主要靠近畿农村，日用百货则主要靠全国各地；可是自十九世纪五十年代以来，大钱仅通行于京城内外，出京数十里或百余里，民间即不使用，所以农民们持麦入城换归大钱不便使用，便都"裹足不前"，于是，京城以外每斤麦面不过制钱十六七文，而城中每斤则至制钱三十七八文不等，"一城之隔，而价值增倍"。由于大钱只能于近处买货，而不能汇银于远方，因而商贾运货到京，所售大钱用以易票，再以票易银，就亏折大半，使得商贾们也都裹足不前，结果就使北京的物价，较之外省往往高至数倍。从北京的情况看，物价一直是逐年上涨，甚或有时是

"逐日任意增长"，到1858年，当时的一份官府报告说："食米从前每石止卖十余吊文，今则每石二十余吊不止；猪肉每斤止卖二三百文，今则每斤六七百文不止；至于杂粮、杂货、零星食物以及一切日用之类，无一不腾贵异常。"在这种情形下，当时人怨叹说："物价如此无定，在士大夫有力之家，已难于周转，若小民饔飧不给者，诚何以谋生？"①

在通货膨胀过程中，受害最深的是广大劳动人民群众。

首先是靠出卖劳动力谋食的佣工，如北京1857年的情形，其时"小民佣趁所得，每日仅京钱三五百文不等"，因而所得钱文"竟不能供一日之饱"②。

农民、手工业者和小商小贩，也遭受通货膨胀的重大损失。农民和手工业者作为小商品生产者离不开市场和货币，因而农民入城出卖农产品，就要直接受到大钱贬值的损失，而手工业者，还有小商小贩，他们都是有买有卖，手工业者购进原料，小商小贩买进货物，要忍受商人抬价等刁难盘剥，而卖出货物的所得，则大多是贬值的大钱，他们"不受，则货滞无以为生，受之，则钱入而不能复出"，真是苦不堪言。

受通货膨胀之害的，还有许多固定薪给收入者，如在当时推行大钱、票钞最有力的福建，省城福州的一些靠教书谋生的"贫儒穷户"，他们终岁劳苦所得不过票钱十千文，实在不足糊口，因而就发生"阖室槁饿"的悲惨情形。

---

① 清代钞档：御史麟徵折《行使大钱、铁钱后，百物腾贵异常，请饬严限物价》，咸丰八年四月十六日。
② 清代钞档：户部尚书柏葰等折《请饬商认买粮石定价平粜收取大钱》，咸丰七年正月二十日。

更为可怜的，是一些城市无业贫民及乞食者，如在咸丰七年（1857）时，京师"贫民持钱入市，每大钱一串，可用者不过二三百文，以致民生日蹙""老弱者流为乞丐，旗、民贫不聊生"①。在咸丰八年（1858），当十铜钱贬值已"几至折二、折三"，而乞丐沿街乞讨，每次只能讨得"水上飘"一文，积十文才合当十铜大钱一枚，因而"乞丐之至于倒毙者"也就"益多"了②。

总之，清朝最高封建统治者及一些上层相关集团是通货膨胀的获利者，而对居于下层的广大劳动人民群众，则是一场巨大的灾难。

太平天国运动期间，在太平军统辖地区，广大人民遭受战祸之余，却得以免遭清政府通货膨胀之害，人民日常经济生活中，仍主要行使原来流通的铜制钱。天国政府、太平军也曾铸造过少量铜钱，传世的太平天国钱币有各种太平天国圣宝铜钱，其面文为"太平天国"，背文为"圣宝"，也有面文作"太平圣宝"，背文为"天国"，或面文"天国"，背文"圣宝"的。各种钱币除小平钱外，也有大铜钱。钱币称"圣宝"，则是太平天国钱制的特色。

---

① 清代钞档：巡城御史保恒等折《铜当十大钱壅滞，请发铁制钱》，咸丰七年七月十六日。

② 参见清代钞档：御史陈庆松折《铜当十大钱二三折行使》，咸丰八年正月二十七日。

第三章

银两制度与银两流通

第一节

实银与虚银；银两的成色与平砝

明清以来，贵金属白银已发展成为我国流通中的主要货币，白银流通时以"两"为单位，所以习称为"银两"。

在清代，白银与制钱相辅流通，大数用银、小数用钱；但政府财政收支自始就是以白银为计算标准，清帝上谕就曾一再强调："用银为本，用钱为末"①"价值之多寡，原以银为定准，不在钱之多寡"②，所以，白银作为流通中主要货币的地位是明显的。可是，由于银两流通一直未像铜钱那样，由国家垄断铸造权，采取有国家规定的固定重量、成色、形状的铸币形式，所以银两流通也就一直没有完全脱出称量货币的范畴。

流通的白银，自元代以后，通常熔铸成重五十两的马蹄形银

---

① 乾隆十年陈宏谋疏引，《皇朝经世文编》卷53。
② 《清文献通考》卷16。

锭，并名曰"元宝"，明清两代相沿未改，因而白银在清代总名为元宝银，或简称宝银。更具体言，重五十两左右的大银锭，叫元宝；重十两、五两或三两的，叫中锭，或专指重十两的为中锭；重五两、三两的，叫小锭。中锭形状类似秤锤者居多；若大锭形状作马蹄形者，就叫小元宝；小锭形如馒头，叫作小锞银。此外，一些零碎银块称为碎银，或叫作滴珠。

这些宝银的种类、名称大体上是全国统一的，可是在全国各地，由于所铸宝银的成色、重量并不完全一致，形状也不尽相同，所以实际上各地流通的宝银，又各有其名称和形式，《清朝文献通考》的编者对乾隆时的白银行使情形曾作了一段简括的按语，说："用银之处，官司所发例以纹银；商民行使，自十成至九成、八成、七成不等，遇有交易，皆按照十成足纹递相核算，……今民间所有，除各项纹银以外，如江南、浙江有元丝等银，湖广、江西有盐撒等银，山西有西镨及水丝等银，四川有土镨、柳镨及茴香等银，陕甘有元镨等银，广西有北流等银，云南、贵州有石镨及茶花等银，此外又有青丝、白丝、单倾、双倾、方镨、长镨等名色，……各随其便，流转行用。"这大致可代表鸦片战争以前白银流通的情形；所言"纹银"，习惯上可作为对白银的泛指名称，实际上它乃是一种全国性的假设的标准银，所谓的"足纹"其成色实际为935.374‰。至于所述各地的白银名称，如元丝、盐撒、西镨等则是各地流通中实际行使的银锭的名称，元丝、盐撒等是就白银色泽特征所起的名称；长镨、方镨等，则是就形状上的特征而起的名称。各地白银种类、名色的众多，反映出封建社会货币流通的地域性。

第三章
银两制度与银两流通

鸦片战争以后，我国逐步沦为半殖民地半封建的社会，随着社会经济的发展以及西方资本主义侵入的影响，我国近代白银流通的情形更趋复杂；各地流通的白银种类、名色更为繁多。据调查，到清末各省通用的宝银，已不下百余种之多。实际上，由于各地银两的种类及名称是因地而生、随俗而变，若更详细分别，则更无虑为数百种。

我国近代通行的银两制度至为复杂，要弄清这套制度就先要明了所谓"实银""虚银"两个概念。

上述国内各地流通中实际通用的各种宝银，虽然它们的名称形式、重量、成色各异，可是它们都是实有其物，都是流通中现实存在的银货，所以它们都是"实银"。然而，正是因为各地流通的"实银"，它们的名称、形式、重量、成色皆千差万别，因而白银被作为货币而流通，在客观上就需要有一个标准计算单位，这个标准单位并不需要实有其物，却具有一定的名称、重量和成色，这就是所谓"虚银"。我们前面所言及的所谓"纹银"，就是一种虚银。

纹银作为一种全国性的假想标准银，它的成色是935.374‰，这样，各地流通的成色各异的宝银，在使用上也就有了折算的依据；在鸦片战争以后，由于商业及商品交换的发展，各地所使用的宝银，大致一地往往也逐渐只是通行一种成色标准的宝银，有所谓"二四宝""二六宝""二七宝""足宝"等名称，各地实际行使的宝银的成色，多高于"纹银"，如"二四宝"，即一枚五十两重的宝银，按照它所含的纯银成色，在流通的时候，可以申水二两四钱，换言之，即一枚五十两重的"二四宝"银，它所含的纯银，等于纹银五十二两四钱，余可类推，最高申水至三两者，称为"足宝"，但其实际所含纯银仍未足100%；真正100%成色的白银才应是纯银。也有实际成色低于足宝而名为"十足宝"者，如北京通用的标准宝银就叫"十足宝"，但其实际所含纯银成分仅为992‰，所以实际上是一种"二六宝"。就全国各地所通行的各种成色的标准宝银言，共有十余种。

银两流通制度的复杂性，不仅表现为各地通用宝银成色的差异，促成这种现象的原因，更重要的还在于各地使用平砝的分歧。银两作为称量货币行使，各地平砝的分歧，直接造成宝银重量的参差不齐，这样，轻重没有定准，也就给银两流通造成极大的不便。

关于各地使用的平砝，据调查，在清末时就有一百七十余种，这还仅是不完全的统计，如云南的滇平、关平，广西的关平及梧州的九九二平，以及甘肃、新疆等省的平砝还未计算在内。这些平砝综合起来大致可分为四类：

一、库平。这是清政府征收各项租税时所使用的官平，除关税或实物及制钱的征收外，它是一切税收缴纳的标准单位。但是，库平的大小并不一致，中央政府的库平与各地方政府的库平大小有差异，而甲省与乙省的库平也各有分歧，而且一省之中，还更有藩库平、道库平、盐库平的差别。《马关条约》曾对中央库平有所规定，即库平一两为575.82英厘，亦即37.31256克。

二、关平。关平之设，起于中外通商对进出口税的征收，但是各关关平的轻重也不一致，适应举借外债的需要，关平所规定的标准重量，每两约重581.47英厘，即37.68克。

三、漕平。它是漕米改征折色所使用的平，后来民间亦渐通用，遂成为一般通行的平砝，但它的标准重量也因地而异，而且同一地方也没有很确定的标准，如上海漕平，一两最大约合565.73英厘，最小则为564.2英厘，但通常计算皆以565.7英厘为标准。

四、市平，即各地各市场所通用的平，名目繁多，难以计数；比较重要的有公砝平、钱平、司马平等。公砝平就是官定的公法平的意思，在北京、上海、天津等地市场交易中多使用之，在全国汇兑中也最为通用，票号、钱庄就多用之作为汇兑价格计算的标准。钱平，是钱业往来所通用的平，钱业与他业账项的清算亦用其为计算基础，以免除与其他平砝折扣之烦。司马平，又名司平，广东省内最为通行。由于广东与西方发生通商关系最早，所以，在对外贸易中也多以广平为计算标准。

第二节
银两流通制度的发展、"上海规元";宝银的铸造与鉴定

为适应社会经济发展与商业交换的需要,银两流通制度也在发展与改善,这方面最重要的表现,就是一些通商口岸商业中心城市重要虚银两的形成,如上海的"规元"、汉口的"洋例"、天津的"行化"及营口的"炉银"等。这些虚银两的产生与发展,反映着银两流通逐渐脱离了称量货币的性质。

五口通商以后,上海发展成为国内最大的经济、商业中心,因而上海规元也是国内虚银两中的最主要者。最初,规元仅是南市豆商交易的一种帮规,上海未开埠前一切交易均在南市,而南市交易以豆为大宗,当时上海豆行与牛庄间交易甚繁,但现银缺乏,于是凡收取现银时,皆以九八折扣,因而就形成所谓"九八规元"这一计算单位。及至上海开埠后,租界设立,商务日益繁盛,从咸丰七年(1857)以后,规元便发展成为华洋商人全都交易采用的记账单

位，于是规元就成为上海一切华洋交易及汇兑行市唯一通行的记账虚银两。

关于上海规元的计算方法，其标准即以元宝一锭的重量，加以升水，以九八除之，所得之数，即上海通用银两的价格。按，纹银的成色为935.374‰，而上海市场通用的二七宝银的成色为986.8‰，比标准银高5.5%，所以，上海漕平五十两重的宝银，应升水2两7钱5分，即合标准银52两7钱5分，以九八除之，即得规元银53两8钱2分6厘有奇。

汉口的"洋例"、天津的"行化"也都是鸦片战争以后形成的当地划一银两的虚银。汉口的洋例银，就是当地所通行的成色980.272‰的"估宝"的九八兑，即以估宝980两升成洋例银一千两。"洋例"一名，带有明显的半殖民地烙印，它大概就是外国商人来汉口通商时，按照上海"九八规元"所定之例的意思。天津的行化银，是天津地方通用的记账虚银两，在天津，实际授受的宝银是"白宝"，行化银的成色低于白宝，一锭五十两的白宝可升水四钱，白宝的成色为二八宝银，行化的成色则约等于二四宝银。

营口的过炉银，或名为过账炉银，简称炉银，也是一种虚银两，它是营口铸造现宝的炉房所发的一种凭条，用以代替当地各炉房所铸的每锭重营平53两左右、成色约992‰的现宝银使用。从光绪九年（1883）规定每年的三、六、九、腊四个月的初一日为结账扫现之期，即所谓"卯期"。平时不能提取现银，而只作为商业往来的清算工具。在开始存入现银或每季续存时，炉房照例给予存款人升水，多少随银根松紧而定，大致在平常时期，为2‰—6‰。营口的炉房，除熔铸现宝外，还经营存款、放款、汇兑业务，事实上已成为当地金融周转的中心，而所发的"炉银"，早已是一种代替现银的远期（三个月以内）流通票据。

银两流通制度在其发展过程中，还在宝银铸造及鉴定方面也趋于完善。

铸造宝银的机关叫银炉或炉房，南称银炉，北曰炉房。它有官设和私设之分，官设者多附属于藩库、关局及官银钱号等机关内，私设者多在各大商埠。它们的业务主要是受钱庄或商号的委托，以生银等改铸当地通行的宝银，改铸时要收取定例的铸造费，除此，它还可借助交来银货成色的差额等，在改铸时获取利益。南方的银炉资本一般只是数千两，资本大者亦不过一两万两；北方的炉房，因多兼营存款、放款、汇兑等钱庄业务，因而资本有至数十万两者。

专门鉴定宝银的机关为公估局。设立公估局，须由官厅准许，或本地钱业公所认可，也往往是由当地银钱业所共同组织。大凡每地一般只设一局，它的设立并不需太多资本，通常仅缴存数千两现银于钱业公所即可。公估局的主要业务为鉴定宝银成色，称定宝银重量，宝银经公估局批定后，即可保证流通。无公估局的地方，则多半由炉房兼营公估局业务。公估局批定宝银时，要收取规定的批费。

鸦片战争以后，各大商埠划一的重要虚银两的产生，各地宝银种类也逐渐减少而趋于一致，宝银的铸造与鉴定等方面的改进与完善，所有这些，皆表现出银两流通制度之趋向于统一。可是，在对银两采取分散、自由铸造的情形下，这些改进与进步并不能克服银两流通制度本身的封建地域性质，各地平砝的分歧、宝银种类及所形成的各种虚银两的差异，皆给银两流通带来难以克服的困难与不便，所以，用近代银元代替银两流通，也就是必然的趋势了。

第四章

外国银元的流通；
中国自铸银元、铜元及其流通

第四章

外国银元的流通；中国自铸银元、铜元及其流通

第一节
外国银元的流通

还在明清时期，西方银元就流入中国了。《清文献通考》的编者叙述乾隆十年（1745）前的情形说："福建、广东近海之地，又多行使洋钱，其银皆范为钱式，来自西南二洋，约有数等，大者曰马钱，为海马形；次曰花边钱；又次曰十字钱。……闽粤之人称为番钱，或称为花边银，凡荷兰、佛郎机诸国商船所载，每以数千万两计。"马钱，或称马剑，是荷兰（尼德兰）的银元，花边钱是西班牙，即佛郎机的银元，是指自1732年起在西属墨西哥城开始用机器铸造的新式双柱图形的银元，十字钱是有十字架图形的钱，这里可能指的是葡萄牙的十字钱。荷、西、葡都是最早与中国通商往来较多的国家。进入十九世纪以后，外国银元的流入与行用更多了，清道光九年（1829）的上谕就说："朕闻外夷洋钱有大髻、小髻、蓬头、蝙蝠、双柱、马剑诸名，在内地行使，不以买货，专以

买银，暗中消耗，每一元抵换内地纹银，计耗二、三分，自闽、广、江西、浙江、江苏渐至黄河以南各省，洋银盛行，凡完纳钱粮及商贾交易，无一不用洋钱。"① 欧洲一些国家的银铸币，多铸有国王头像，这里所言的大髻、小髻、应是指有查理三世、查理四世、斐迪南七世头像的西班牙银元，蓬头则可能是美国有自由女神图样的早期银元，而蝙蝠大概是鹰图形，即墨西哥的鹰洋。西班牙银元（包括两种查理银元、斐迪南七世银元）是最早和最广泛在中国流通的银元，俗称为本洋。这些西班牙银元皆铸于盛产白银的墨西哥，直至1821年墨西哥独立时才停止铸造，它在东方曾广泛流通于菲律宾等地。墨西哥独立后，从1823年起，就开始铸造有飞鹰的国徽图形的银币了。

西方的近代机制银元，形制精美，成色划一，流入中国后，"市民喜其计枚核值，便于应用"。所以，它的流通地区，到鸦片战争前，便从福建、广东而逐渐扩及江苏、浙江、江西等沿海及长江一带，而且它的交换价值皆高出于所含纯银许多，嘉庆十九年（1814）户部官员奏言外国银元的流通情形说："外洋低潮银两制造洋钱，又名番饼，又名花边，每个重七钱三分五厘。始则带进内地补色易换纹银，沿海愚民私相授受，渐渐通行，迩来居然两广、楚汉、江、浙、闽省畅行无忌。夷商以为奇货可居，高抬价值，除不补色外，每个转加七、八分不等"②；林则徐于道光十六年（1836）奏言外国银元在江苏流通的情形说："道光十三年间，……维时江省每洋钱一元作漕平纹银七钱三分，虽成色远逊足纹，而分两尚无

---

① 《东华录》道光九年十二月十六日上谕。
② 清代钞档：道光十三年七月二十一日御史黄爵滋折。

轩轾。……近日苏、松一带,洋钱每元概换至漕纹八钱一、二分以上,较比三四年前,每元价值实已抬高一钱,即兑换制钱,亦比纹银多至一百文以外。"① 所以,还在鸦片战争以前,外国银元便因一般商民乐于使用,而逐渐扩大流通了,并开始在日常经济生活中,显示出近代银元对银两流通的优势。

鸦片战争以后,随着西方资本主义势力进一步侵入,外国银元的流通也更广泛了,扩及全国南北各地,而流入最多、使用最广的西班牙本洋,在五口通商以后,竟成为上海地方一切华洋交易及汇兑行市的记账单位,只是因为本洋停铸,来源断绝,上海商界的记账单位才改为"九八规元"。

鸦片战争以后,在全国各地流通的外国银元,主要有墨西哥鹰洋、英国贸易银元、日本龙洋、安南银元、美国贸易银元等。这些外国银元在中国逐渐形成一定的地区流通范围,有些直接与各帝国主义侵略的势力范围相合,显示出半殖民地半封建社会货币流通的特色。

墨西哥独立后所铸的银元,在世界各地以中国流通最广,最初于咸丰初叶(四年,1854)在广州流通,不久即代西班牙本洋成为在我国流通的各种外国银元中最多的一种,其重量约为416.5英厘,成色为898‰;主要行使于华东及华南,即包括江苏、浙江、湖南、湖北、福建、安徽等省,上海是鹰洋最大量的主要集中流通地,它在上海几乎成为通货授受的标准,如清末外国银行在上海发行纸币,就都以鹰洋作为兑换准备。鹰洋在中国各地流通及贮藏的数量,据估计,清末时总额至少在3亿元以上。

---

① 清代钞档:道光十六年署两江总督林则徐等折。

英国贸易银元，俗称站人洋或杖洋，因币面有不列颠女神手持叉杖而得名，这是英国在1895年在远东发行的一种银元，主要铸造于印度；在此以前，当香港为英国占据后，英国在香港也曾设厂铸造过银元，试图驱逐本洋及鹰洋，但是失败了。站人洋重量为416英厘，成色为900‰；流入中国后，最初盛行于英国商业最占优势的广东，义和团运动以后，华北各地也多使用，尤以京津一带最为流行。

日本银元，俗称龙洋，因币面有龙纹图形而得名，开始铸造于1871年，是日本本国流通的本位货币，重量为416英厘，成色为900‰，在我国主要流通于南方的福建省，江西、湖南也有流通；日俄战争以后，我国东北的沈阳、大连等地也广为使用了。我国流通的日本龙洋，主要是1897年日本改行金本位制以后，而大量输入的。

除此，还有美国贸易银元、法国贸易银元等在我国境内流通。美国贸易银元是专供对远东贸易使用的，币面图形有女神坐像，手持一枝花，在我国只是通行于少数通商大埠。法国贸易银元，即安南银元，是法属安南通用的银币，在我国只是与安南接壤的滇、桂边境使用。

总括各种外国银元，到清末在我国境内流通及贮藏的数额，有5亿元左右。这一数额远比清朝自铸的银元多，它在一定程度上反映了中国半殖民地化的深度，可是，它也促进了中国改革旧式币制的迫切性，并推动了本国自铸银元的产生。

第 二 节
本国自铸银元及其流通

关于自铸本国银元，还在鸦片战争前后，国内有识人士已经提出这种主张了，道光十三年（1833）林则徐首先提出"抑洋钱，莫如官局先铸银钱"①的主张；道光二十二年（1842）魏源又主张"仿铸西洋之银钱""官铸银钱以利民用，仿番饼以抑番饼"②。可是这些进步主张，对顽固保守的清朝廷来说，还是"太变成法，不成事体"，因而在当时还都不能借助政府的力量，改革旧式币制；虽然，林则徐在江苏也曾做过自造"银饼"的尝试，咸丰年间，上海有几家银号，也曾铸行过"一两"银饼，而在这种情形下，当然都是不旋踵而废了。

---

① 林则徐：《林文忠公政书》甲集《江苏奏稿》卷一，《会奏查议银昂钱贱除弊便民事宜折》(1833)。
② 魏源：《圣武记》卷14，《军储篇·三》。

直到鸦片战争四五十年后，这时形势已大变，中国对外门户早已洞开，外国商品已遍销内地，中外贸易不断发展，特别是新式银元行使的方便已为人所共知，于是在光绪十三年（1887），两广总督张之洞奏请清廷在广东正式设局铸造银元，作为具有法定资格的货币行使，才揭开了我国近代自铸新式银元的篇章。

在此稍前，即光绪十年（1884），吉林将军希元因吉林省制钱久缺，曾由吉林机器局试造过一两，及一钱、三钱、五钱、七钱银币等在市面行使。广东在光绪十三年后开始试铸七钱三分的银元，而正式获准开铸银元，则已是光绪十六年（1890）四月之事了。当时所铸银元计分五种：一号银元重库平七钱二分，配九成足银；二号银元重库平三钱六分，配八六成足银；三号银元重库平一钱四分四厘；四号银元重库平七分二厘；五号银元重库平三分六厘，均配八二成足银。币面为满汉合璧"光绪元宝"，上、下端并镶有广东省造，库平七钱二分字样；币幂镶有盘龙文，故有"龙洋"之称，这是我国正式官铸银元之始，所有完纳钱粮、关税、厘捐等，均许使用。广东龙洋开铸后，据云，因"刻镂精工，成色有准，市面商情金称适用"，所以，投入市场流通以后，很受商民欢迎。

由于铸造银元，乃有利可图之事，所以自广东龙洋出现以后，各省督抚便也纷纷仿行。张之洞调湖广总督后，援广东例，于光绪十九年（1893）在湖北武昌设立银元局，并于次年开铸湖北龙洋，其后，直隶（光绪二十三年，1897）、江南（光绪二十三年，1897）、安徽（光绪二十三年，1897）、四川（光绪二十四年，1898）、吉林（光绪二十四年，1898）、奉天（光绪二十四年，1898）、浙江（光绪二十八年，1902）、福建（光绪二十八年，

1902)、云南（光绪三十三年，1907）等省皆开铸银元。

各省龙洋的形式基本一致，但重量和成色则多有参差，因而进入流通以后，不久便发生了市价高下不一的情形，而各省银元皆铸有省名，因而在本省以外的流通便大受限制，尤其是各省竞相大肆铸造银元谋求铸利，遂使一些地方出现银元过剩现象，并使本国银元的流通趋于混乱。

面对这种情形，清政府也曾有划一全国银元的企图，如光绪三十一年（1905）户部于天津设立了铸造银钱总厂，并拟将各省铸局酌量裁并，作为分厂，以便铸造统一的银元。最后，宣统二年（1910）时，清政府终于决定实行银本位制，于该年四月，颁定《币制则例》，规定以"圆"（库平七钱二分）为单位，定银元为国币，将铸币权收归中央，并于宣统三年五月在宁、鄂二厂开始铸造新式大清银币，可是这些银币未及发行，辛亥革命爆发，清朝就覆灭了，因而清朝自铸的银元，始终未有正式的国币，而只是所谓通用银元而已。

清朝末叶改革旧式币制过程中，还发生了所谓货币本位及单位之争。到十九世纪末，各主要资本主义国家均已采用金单本位制，中国则是主要用银的国家，这时，世界银价继续跌落，而清末甲午战争的对日赔款、八国联军的庚子赔款皆被折合金币计，因而每次支付赔款时所支付的银两数，便随银价的下跌而增多，而发生所谓"镑亏"，并由此而使本位问题的争论一时热烈起来。当时，实行金单本位制的是各主要资本主义国家，而殖民地、附属国则多实行金汇兑本位制，这些对于当时的中国情形都不适合。事实上，无论采用金本位制、还是银本位制，如果没有一个政治独立、主权完整的国家，要保持币制的独立自主，而不受帝国主义侵略势力的操纵与挟持，都是无法实现的，而清政府当时为了逃避对外赔款导致财政上的损失，企图从改革币制上找出路，则更是办不到的。

关于本位问题的争论，最后还只能是停留在划一银币的计划上，然而又长时期陷于本位币单位重量的"一两"及"七钱二分"之争。在此期间，户部在光绪二十九年（1903）还在天津造币厂试铸过库平一两的大清银币，除此，湖北省在光绪三十年（1904）也曾铸过库平一两的大清银币。对于银元单位重量的争论，当时意见分歧曾非常大，且有反复，清政府曾于光绪三十二年（1906）十一月就银元单位问题征询各省都抚的意见，而据各省回奏情形，计主张一两的有十一省，主张七钱二分的有八省，到光绪三十四年（1908）九月，正式决定采用一两为国币单位，然而上谕颁发未及两月，光绪帝及慈禧太后相继死亡，因而定案又成具文。这样，到宣统二年（1910）四月颁定（币制则例），规定国币单位定名为"圆"，一圆主币重库平七钱二分后，不久，清朝也就灭亡了。总括看来，关于银元单位重量之争，大致上主张一两者，在一定程度上，多反映封建守旧势力对旧有银两制度的维护与恋怀，而主张七钱二分者，则主要是要求保持自铸通用银元已大量流通的现状，它在一定程度上，反映了通商口岸及沿江各省新兴的资产阶级的利益。

清末各省铸造银元时，同时也都铸造银角。银角，或称小银元、小洋，在广东称为毫洋，它本来应是本位银元之下的银辅币，最初广东开始铸造一元银币时，同时还铸有五角、二角、一角、五分等小银币，并定一角小银币十枚合大银元一元。这些银币发行后，由于流通界久缺小额货币，所以深受欢迎，但是银角成色较低，仅含纯银820‰，铸造银角可获更多利益，因而各省便都争相设厂铸造，结果，银角的市价遂告跌落，原定一元十角的比价便被破坏了。从此，银角本身的市价即随时升降不定，而成色也多减低，成色愈低，市价也就愈加低落了。各省所铸的银角，以广东为数最巨，其中尤以双毫，即二角银币为最多。

总计清末所铸的银角的数额比银元还多，据估计，截至清末，银元铸造的总数约为2亿元，而银角则约达2.5亿元。

新式本国通用银元的铸造与流通，对促进国内产业及国内外贸易的发展，有一定的积极作用。同时，它的流通范围也逐渐遍及中国南北各地，不但民间日常使用。而且政府收支也多开始改用银元，这显示了新式银元制度对旧式银两制度的进步性。可是它本身一直未能发展为统一的银元本位的币制，也未能排除外国银元的流通以及旧式宝银的流通，而形成中外银元并行以及两元并用的局面，则反映着清朝政府的软弱无能及中国社会的半殖民地半封建的落后性质。

第三节
新式铜元的铸造与流通

清朝末叶,继自铸本国银元以后,又以广东为始,于光绪二十六年(1900)李鸿章任两广总督时,首先使用机器铸造铜元。当时,因制钱严重缺少,民间日用苦于"钱荒",所以,制作精工、形式美观的机制铜元一经铸行,即受到人民欢迎而乐于使用。其后,各省纷纷设厂铸造铜元,而迅即普及于全国各地。

清朝的制钱制度,从太平天国运动爆发、咸丰朝铸行大钱以后,事实上已经破坏,但京师的当十大钱则一直流通下去,基本上是按本身价值每枚当十大钱作二文使用,其后,清政府虽然企图恢复原来的制钱制度,可是因铜价昂贵,根本无力铸造制钱,利用机器铸造一文制钱也同样不敷成本,所以,按原样恢复制钱制度已是不可能的事情了。

清末的铜元,单位以"文"计,有当二十、当十、当五、当

二、当一五种，当十铜元，每枚约重二钱，当二十铜元重四钱，铜元正面有"光绪元宝"、"宣统元宝"或"大清铜币"字样，背面则有蟠龙花纹，前者为各省所铸，大清铜币是户部造币总厂所造。铜元自身应是一种铜辅币，它应从属于本位币，而广东最初铸造的重二钱的铜元，币面曾有"每百枚换一圆"，及英文"广东一仙"（Kwang tung One Cent），即一分字样，亦即企图与新式银元制度相联系。可是其后广东及各省铜元币面文字，就都是每枚"当制钱十文"等了。

铜元、银元之间互不联系，二者皆为"实币"流通。所以，新式铜元虽然与旧式制钱在形式上有明显差异，实质上它却与当十大钱一脉相承，是制钱制度的延续。铜元与银元二者比价因时因地而异，而当十文、当二十文等币面价值与制钱之间的比价却一直能保持不变，所以新式铜元流通以后，钱文基本单位基本上从"文"发展为"枚"，日常用语则是"铜元若干枚"，形成代旧式制钱而起的一种新货币单位，这是新式铜元出现以后在币制上所引起的最主要的变化。

各种面额的铜元，流通最多的是当十及当二十铜元，尤其是当十铜元最为普遍，当五、当二、当一的很少。铸造一枚当十铜元，成本仅为制钱六文许，因而清末已事实上形成割据的各省地方政府，均视铸造铜元为获利的捷径，纷纷设厂滥铸。从光绪二十六年广东开始铸造铜元，到光绪三十一年，开铸铜元的已有福建、江苏、湖北、四川、河南、广西、云南等十七省，设局多至二十处。

梁启超叙述清末各省滥铸铜元的情形说："光绪二十九年、三十年年间,每龙元一元仅易铜元八十余枚,而铜元百枚,其价恒在库平八钱以上。……不料各省督抚如饮狂泉,与影竞走,于光绪三十一年之一年内,向外国购入铜二十五万七千担,铸成十七万万枚。明年,更购入铜七十四万九千担,铸成四十六万万余枚,于是供给远过于需要,而价值遂一落千丈矣。"①

关于铜元的铸造数额,梁启超估计,自光绪三十年至三十四年(1904—1908)五年间,各省所铸铜元即达一百二十余万万枚,到宣统二年(1910)时,合计铜元总额当在一百四十万万枚内外,因而综合各方面材料,到清朝灭亡(1911)时,估计约有铜元200万万枚。关于铜元价值的变动,大致以光绪三十一年为转折,原来当十铜元的币面价值是百枚兑换银元一元,但在光绪三十一年以前,各地大致80—95枚即可兑银元一元,即铜元在市面行使,竟可升水5%—20%;而在此以后,到宣统末年(1911)时,各地铜元市价则由铜元110枚贬至130—140枚换银元一元了,即反而需贴水10%—40%。这一反复,使得铜元币值十余年间跌落了90%。

铜元价值的波动与跌落,势必给国计民生招致恶劣的影响,因而当时有一位举人张毓英于光绪三十四年(1908)《条陈铜元充斥请设法挽救折》中,言及铜元病国病民之害时,就曾归纳了八点:"一曰劳动工人束缚之害,二曰商业亏折之害,三曰农业耗损之害,四曰非农非工非商普受之害,五曰债权损失之害,六曰地方公款暗蚀之害,七曰库款短绌之害,八曰国财外溢之害。"② 梁启超则痛切指出:"受害最剧烈者则内地小农小工也,夫小农小工,国之石

---

① 梁启超:《饮冰室合集》卷21,《各省滥铸铜元小史》。
② 《清续文献通考》卷22,引两江总督周馥奏语。

民也,而且胼手胝足,终岁勤劳之所得,仅数月间而为政府之恶政取其泰半,其祸烈于洪水猛兽,而其惨过于兵燹矣。"①

所以,清末的铜元改革,并无补于新式币制的建立与健全,而清朝封建政府之腐败无能,亦于此暴露无遗。

---

① 梁启超:《各省滥铸铜元小史》(宣统二年)。

第五章

外国在华银行及其活动；本国新式银行的设立及旧式金融机构的发展与变化

第五章
外国在华银行及其活动；本国新式银行的设立及旧式金融机构的发展与变化

第一节
外国在华银行及其活动

鸦片战争五口通商以后，为资本主义侵略势力商品输出服务的近代银行，随即陆续来华设立。在此以前，中国国内还只有旧式封建性的金融机构：钱庄、银号、票号、典当业等。

最早来中国设立银行机构的是英商丽如银行（Oriental Banking Corporation，或译称东方银行、东亚银公司等）。丽如银行的前身，是1842年在印度孟买设立的西印度银行（Bank of Western India），1845年改换名称，并把总行迁移到伦敦，该年四月在香港设立分行，随后又在广州建立机构。1847年在我国上海设立分理处，成为我国领土上的第一家外国银行。丽如银行是一家所谓"特许银行"，英国政府颁给它"皇家特许状"，鼓励它在"好望角以东任何地方建立机构，经营兑换、存款和汇划事业"，因而它是一家为英国对外经济侵略服务的殖民地银行。

继丽如银行之后，在十九世纪五十年代又有一批英国银行在华设立。它们是汇隆银行（1851，广州；1855，上海）、呵加剌银行（1854，上海）、有利银行（1854，上海）、麦加利银行（1858，上海）。六十年代，除一家法国的法兰西银行（1860，上海）之外，又有一批英国银行设立，它们是汇川银行（1861，上海）、利生银行（1864，上海）、利华银行（1864，上海）、利升银行（1864，上海），还有长期在华居于金融霸权地位的汇丰银行（Hongkong and Shanghai Banking Corporation），它于1864年8月在香港创立后，于1865年3月3日开业，4月又在上海设立分行，这皆与当时英国侵略势力的在华垄断地位相一致。这些早期在华外国银行，主要是经营国际汇兑业务，为输入鸦片，输出丝、茶服务，当时，中、英、印之间三角贸易盛行，英国输出工业品到印度，从印度运鸦片到中国，再从中国输出丝、茶到英国，银行为其提供资金，并办理汇兑业务，从中获取利益。在十九世纪七十年代以前，苏伊士运河未通航，海底电线未铺设时，银行从事国际汇兑曾攫取了可观的投机利润。

可是，外国银行势力在中国的巨大扩展，还是1851—1864年太平天国运动失败以后的事，并且在十九世纪六十年代世界棉业投机中，因世界市场棉花价格暴跌而引起的金融危机中，一批英国银行：汇川、利生、利华、利升及汇隆、呵加剌银行等，就在这一风浪袭击下，纷纷倒闭或宣告破产、停业清理了；而丽如银行这个第一家外国在华银行，则歇业于1884年。

十九世纪六十年代中叶开设的汇丰银行，是英国第一家把总行设在东方香港，而主要是面向中国的银行，它的许多股东都是比较熟悉中国情况、富有经济侵略经验的英国商人。在上海设立分行后，六十年代在福州、汉口、宁波、汕头，七十年代在厦门、芝罘（烟台）、九江设立机构，八十年代更扩及天津、澳门、海口、打狗（高雄）等地，而发展为英国对华侵略势力的主要代理人。它垄断了中国的国际汇兑，并更进一步把持中国的财政及金融。

在十九世纪九十年代以前，外国在华银行基本上仍保持英国一家独大的局面。九十年代以后，各主要资本主义国家均已进入帝国主义阶段，适应帝国主义对外资本输出的需要，各主要资本主义国家在华设立的银行有：德国德华银行（1889，上海）、俄国华俄道胜银行（1895年成立；从1896年起，名义为中俄合办，实际是俄、法合资经营）、美国花旗银行（1902，上海）及比利时华比银行（1902，上海）、荷兰银行（1903，上海）等银行。截至清末1911年，在华外商银行，包括中外合办银行，有20家左右。这些在中国开设总、分行的外商银行，除所谓中外合办银行，都未得到中国政府的许可，外国人也率直承认仅是在中国人"隐忍"之下设立的，因而这些银行的设立都是非法的，更无论它们发行钞票在中国国内流通了。这些外商银行受到列强势力的保护，享受强加于中国的不平等条约的特权，它们的非法存在是中国沦为半殖民地地位的标志。

外国在华银行的侵略活动，主要表现在以下几方面：

一、垄断国际汇兑。外国银行通过国际汇兑业务，使本国进出口商人获得资金融通的便利，直接为商品输出服务，并攫取廉价原料及所需的资源。它们之所以能把持中国的国际汇兑，主要是中国对外贸易全为外国商人垄断，因而所有进出口贸易也就都通过外国银行结算。除此，清朝在币制上是一个主要用银国家，而世界银市场在伦敦，因而就使外国在华银行中最有势力的英商汇丰银行长时期可以操纵中国的对外汇兑行市，竟使外汇价格的变动，全以每日汇丰银行的悬牌为准。这样，汇丰银行便从中上下其手，不仅为本国的进出口贸易创造有利条件，而且自身还可获取汇价变动利益，尤其是汇丰银行还经办清朝对外国的赔款和借款，当债、赔款项到期支付之日，便事先有意把先令挂缩，因而就使清政府付出银两时蒙受更多的损失。

二、发行钞票、吸收存款、低利资助外国在华企业。外国银行在中国领土内发行并流通钞票，这一事实本身就是侵害国家主权的行为。早在十九世纪五十年代，丽如银行发行的钞票就在上海流通了，可是外国银行钞票的大量流通，则主要是在光绪（1875—1908）中叶以后。当时，英、德、日、美、俄等帝国主义国家的银行均发行钞票，其流通范围也大致反映该国的势力范围。具体情形是：麦加利银行，发行1元、5元、10元、50元、100元的银元券及5两、10两、50两、100两的银两券，流通区域多在上海与香港；汇丰银行，发行1元、5元、10元、50元、100元的银元券，及5两、10两、50两、100两的银两券，流通区域多在香港、上海、广州；德华银行，发行银元券、银两券两种钞票，以山东为流通中心；横滨正金银行，发行银元券，以东三省为流通中心；台湾银行，所发钞票随各地习惯而不同，如在福州，有日本龙洋及"台伏"二种；花旗银行，发行1元、5元、10元、50元、100元的银元券，以上海为流通中心；华俄道胜银行，发行金卢布券、银两券及银元券等钞票，主要流通于东北地区北部及新疆的一些地方；除此，华比银行等也均曾发行过钞票。这些外商银行，借助钞票发行构成它们重要性不等的一项资金来源，截至清末，这些银行的钞票发行总额为三四千万元。

以低微的利息吸收中国人的存款，是外国在华银行另一重要资金来源。在外国银行的存款构成中，虽然也有外国企业周转中的间歇资金，但更多的却是清朝王公贵族、官僚、地主们的存款。它们凭借租界及外国人的治外法权等特权，以低利、无利，甚至收取手续费揽收上述各种人的存款，而成为保藏不义财富的渊薮，比如，清朝的庆亲王奕劻就以二厘利率在汇丰银行存银达120万两。而这个银行，在1890年，其存款已超过了1亿港元。除此，外国银行经办清政府的债、赔款项偿付后，用于担保的关税、盐税收入等更构成汇丰等银行的巨额存款。

外国银行通过发行钞票、吸收存款，集聚起来的巨大资金，都主要是用来支持它们本国企业，以汇丰银行为例，占其货币资本贷款总额一半左右的"贴现与放款"，就是用以资助英国在华企业去扩大商品推销、收购原料，控制中国的对外贸易。同样，为了达到向中国推销洋货、收购土产的目的，它们还以一部分资金，资助为商业资本服务的中国旧式金融机构的钱庄业，而中国本国的企业则绝少能获得外国银行的贷款。有时，它们也乘人之危，以贷款作为打击中国企业的手段，如汇丰、花旗银行，以重利盘剥，打击清末航业中可与外商竞争的轮船招商局，日本横滨正金银行通过借款来收买汉冶萍公司等。

三、举放和经办高利外债，控制中国的财政。资本输出是资本主义发展到帝国主义的重要特征之一，帝国主义在华银行对清政府进行贷款，在实行资本输出方面起有重要作用。以老牌资本主义英国的汇丰银行为例，从汇丰银行于 1874 年开始单独对清政府发放期限十年、年息八厘的"福建台防借款"200 万两始，在 1874—1900 年期间清朝政府所借外债总额为 4 136 万两，而作为最大债主的汇丰银行一家即占 70.04%。从 1894 年中日甲午战争起到辛亥革命止，各国为抢夺在华政治特权和经济利益，在贷款优先权上竞争激烈，汇丰银行仍然占最大份额，它共贷款 29 笔，金额 20 613 万两。由于这些借款的实际交款折扣大，利息高，再加上从汇兑行市差价与"镑亏"上的额外榨取，就使汇丰银行的每年纯益猛烈上升，从 1894 年前的一二百万港元增至 1894 年后的三四百万港元，1898 年更达到 640 万港元，这突出地显示了帝国主义资本输出榨取高额利润的事实。事情还不止如此，以汇丰银行为首的外国银行，通过经办借款和赔款，更使清朝政府用关税等收入为担保，这些税款收入在偿还贷款赔款以前，必须先分别存入各有关外国银行，于是它们就攫取了中国关税的征解、保管权力。

所以，帝国主义银行就是借助以上各种侵略性的活动，把旧中国的金融、财政命脉掌握在手中，而"在金融上、财政上扼住了中国的咽喉"①。

---

① 《毛泽东选集》（四卷合订本），人民出版社 1966 年版，第 623 页。

第二节
中国新式银行的设立

十九世纪八十年代以后，中国的近代工业开始有了初步发展，这时，一批被称为洋务派的官员创办新式工业。从最初的官办军事工业开始，逐渐扩充到一些有利可图的民用工业，同时，一部分商人、地主、官吏也开始投资于新式工业，在1872—1894年间，商办企业总计有厂矿54家，资本4 804 370元，甲午战争后又有更快的发展。1895—1897年三年间，又新设厂矿38家，资本为9 783 188元。在这一背景下，光绪二十三年（1897）出现了中国自办的第一家新式银行，即在上海设立总行的中国通商银行。

还在太平天国运动时期，洪仁玕（1822—1864）在其《资政新编》中提出了"兴银行"的建议，后来，容闳（1828—1912）、郑观应（1842—1921）等也都倡导设立新式银行。这样，到清朝末叶，在资本主义国家在华银行纷纷设立的刺激下，一方面中国近代工业已有初步发展，而且，封建经济结构开始解体的过程中，内地货币财富向各沿海口岸集中，也使得社会货币资本有了一定积累。在这种社会条件下，直接由于当时官办实业和清朝政府财政上的需要，便使中国的近代银行产生了。

中国通商银行的创办人是著名的通晓洋务的大官僚盛宣怀（1844—1916），他自言创办银行是为了"通华商之气脉，杜洋商之挟持"①；中国通商银行开办时，招商股500万两，实收250万两，并商借度支部库银100万两，所借银两，于光绪二十八年（1902）如约还清，而实收资本中的招商局投资80万两、电报局投资20万两，不久也都转作私人资本，中国通商银行是一家私人商业银行。中国通商银行总行于光绪二十三年四月二十六日（1897年5月27日）在上海正式开业以后，又先后在各地，如天津、汉口、广州、烟台、北京等处设立了分支行，它除经营一般商业银行的业务外，也获有发行钞票的权力。

光绪三十年（1904），清政府户部经奏准设立了户部银行，资本银400万两，由户部认购一半，下余200万两招商入股。光绪三十二年（1906）九月，户部改为度支部，光绪三十四年（1908）度支部奏改户部银行为大清银行，并增添资本600万两，仍由户部认购一半，余皆招商入股。它的营业范围，除经营一般银行业务外，还有发行钞票、代理部库、代募公债等权力。大清银行的总行设在北京，分支行则遍设各省，是带有国家银行性质的银行。

光绪三十三年（1907），邮传部也奏请设立了交通银行，资本

---

① 盛宣怀：《愚斋存稿》卷一，督办铁路总公司事务大臣、太常寺少卿盛宣怀《条陈自强大计折》附《请设银行片》，光绪二十二年四月二十六日。

500万两，官股四成，商股六成，宗旨定为振兴轮、路、电、邮四政，并规定将轮、路、电、邮各局存款改由该行经理，总行设在北京。交通银行是一所官商合办银行，除经营一般银行业务外，也有发行钞票的权利。

清朝末叶，从1897—1911年，先后共设立了新式银行十余家，截至辛亥革命时，主要银行除上述三家外，尚有浙江兴业银行（光绪三十三年，1907，上海）、四明商业储蓄银行（光绪三十四年，1908，上海）、北洋保商银行（宣统二年，1910，北京）、殖边银行（宣统三年，1911，天津），以及浚川源银行（光绪三十一年，1905，成都）、直隶省银行（宣统二年，1910，天津）等少数几家省地方银行。

清朝末叶，除这些新式银行的设立外，还有许多具有地方银行性质的官银、钱号（钱局）。各省所设立的官银、钱号多是由地方省库拨款筹设，资本多者数十万两，多数仅十万两或几万两；到清末，已有直隶、奉天、吉林、黑龙江、山东、山西、河南、江苏、安徽、江西、福建、浙江、湖北、湖南、陕西、甘肃、新疆、四川、广东、广西、贵州、热河、绥远等省，即几乎所有省份都有了，一些资本大的，从事一般银行业务，具有省银行性质，或直接改组为省银行，如浙江官钱局就改为浙江省银行、广西官银号改为广西省银行。

清末才出现的中国自办银行，基础不足、资力薄弱，并带有封建买办性。它们的产生主要为适应当时官办企业和政府财政周转的需要，而甚少与民办工业有联系，所谓民间资本，也主要来自买办化的大官僚、经营进口洋货的大商人和某些大地主。这些银行无法与外国银行相抗衡,许多华商的大宗款项仍多存于外商银行,而中国自办银行在业务经营上,都主要是与商业和对外贸易的活动相联系,很少贷款给民族工业。发行钞票是清末新设银行的一项有利可图的业务。户部银行,即大清银行,发行1两、5两、10两、50两、100两及1元、5元、10元、50元、100元面额的银两票及银元票,为了适应币制混乱各地通行银两和银元种类不同的情况,大清银行总、分行所发行的钞票种类亦多至百余种;关于钞票发行数量,据统计,自光绪三十一年(1905)户部银行开始发行钞票至宣统三年(1911)闰六月底,六年间大清银行共发行银两票18 497 577两、银元票28 653 721元,其余银行也发行了数额不详的银两、银元钞票。大致说来,到清末时,各银行所发的钞票,一般还都能保证兑换,而保持住钞票币值的稳定,可是各省官银钱号发行的纸币的情况就不同了。各地官银钱号所发行的各种纸币,名目非常纷杂,银两票、银元票、铜元票、制钱票等不一而足,所发纸币只在各自发行的省份以内流通,发行数额少者数万、数十万,多者数百万至数千万,如吉林永衡官帖局,就发行有银两票、银元票、小银元票和1—100吊的官帖,所发行的官帖竟多达78 958 364吊,折合当地流行的小银元3 600余万元。这些地方官银钱号,滥发钞票,漫无限制,并无足够的准备金,所发钞票多用于垫支官厅行政费,甚至被贪污侵蚀,因而就无法保证兑现,经常发生挤兑、倒闭的情形。

第五章
外国在华银行及其活动；本国新式银行的设立及旧式金融机构的发展与变化

第三节
中国旧式金融机构的发展与变化

鸦片战争以后，随着资本主义侵略的加深，中国的旧式金融机构：钱庄、票号等也都发生重大的变化。

钱庄，俗称钱铺、钱店，主要经营货币兑换业务，早在明代中叶就已有了。明末清初，其业务又有所扩充，以后逐渐与银铺发展而来的银号趋于同一，大抵在长江一带名为钱庄，在北方各省及广州、香港称为银号，也有把规模较大的叫作银号，把规模较小的叫作钱庄。

在鸦片战争以前，钱庄、银号、票号等通融银、钱借贷的金融机构，已在全国各省相当普遍地建立起来，而钱庄、钱铺则日益成为国内商业金融的枢纽，如北京自康熙年间到道光十年（1830）以前，开设的钱铺有389家，道光十年以后又开设122家，统计这些挂幌钱铺共511家。此外，如金店、参店及烟、布等各铺附带经营兑换银、钱而没有挂幌者,还不在内。上海的钱庄,据《钱业公所"内园"碑记》所载钱庄名数,在1776—1796年(乾隆四十一年至嘉庆元年)则有106家。这些钱庄、钱铺还发行钱票(钱帖、庄票)在市面流通,如山西行用钱票,有"凭帖""兑帖""上帖"名目,凭帖系本铺所出之票,兑帖系此铺兑与彼铺;上帖有当铺上给钱铺者、有钱铺上给当铺者,均系票到付钱,与现钱无异。而上海买卖豆、麦、花、布,皆凭银票往来,或到期转换,或收换银钱。所以,钱庄和国内商业的关系是很密切的。

钱庄作为为封建商业资本服务的旧式金融机构,对商人放款多是一种信用放款,重人情而不征抵押品。它们或独资,或合伙,对资金负有无限责任,这与其经营范围狭小,信用调查亦易,带有地方性的特点相关联。

五口通商以后,上海成为国内最大的商业中心,因而国内钱庄活动的重心,也逐渐转移到各通商口岸及长江流域,尤其是集中到上海。在资本主义侵入日益深化的过程中,钱庄由于在进出口贸易中充当外国资本的买办角色,因而又获得更进一步发展,尤其是从十九世纪七十年代外国商品输入中国的数量大增以后,钱庄的发展也逐渐达到它的鼎盛时期。到光绪二年(1876),上海的汇划钱庄,即参加钱业汇划总会办理票据划拨清算的大钱庄,已有105家,其中设在南市者42家,设在北市者63家。

外商企业收受钱庄的庄票,钱庄以庄票向外商银行拆借款项,对钱庄这一封建性金融组织的买办化起有重要作用。庄票是钱庄开发并负责支付一定金额的票据,即期庄票见票即付,远期庄票则于到期日支付,最长日期可为二十天。上海开埠后,外商企业为了推

第五章
外国在华银行及其活动；本国新式银行的设立及旧式金融机构的发展与变化

销洋货，到十九世纪五六十年代时，逐渐普遍收受钱庄庄票结算货款，而七十年代初，外商银行又允许钱庄开出庄票为担保，直接向它们发放稍低于市场利息率的贷款，钱庄获得外商银行这一拆借款项的支持，大为充实和加强了它们的资金营运能力。这不但在上海当地，使钱庄在洋商与中国土产商、洋货批发商间的地位加强了，也使上海钱庄更有力量加强与内地钱庄的联系与资金支持。他们通过相互间的代理关系，使钱庄脉络遍布各省大小城镇，到处可以通汇，上海钱庄兑付内地钱庄的汇票，便利商人来沪采购洋货；上海钱庄更可直接开出"申票"，即在上海付款的汇票，使上海商人持有向内地采购土产品。外国资本就这样借助钱庄与商业资本的密切联系，使它们的侵略势力从中国的通商都市一直深入穷乡僻壤。

作为货币兑换商的钱庄业，还一直把持银两与银元间的兑换行市。上海钱庄皆以规元为记账单位，因而规元无行市，而银元有行市，每枚银元合规元之数即所谓"洋厘"。每值丝、茶、花、谷登场之际，因内地习用银元，于是洋厘升高，大为超过银元本身库平七钱二分，即漕平七钱三分之值，这时，钱庄就可利用"洋厘"市价波动的加剧而从中渔利。

在两元并行的情形下，控制洋厘行市的同时，钱庄还订定"银拆"，左右金融市场。所谓"银拆"，就是银钱业同业间的拆放利息，钱庄对往来户放款的利息，则还要在这个基础上每千两另加三两到六两，即三厘到六厘。钱庄由于有外商银行的支持，因而就有力量订定"银拆"，而一有机会就加以哄抬。在清代，"洋厘"及"银拆"被哄抬最高的时候，1872年、1876年、1911年的洋厘行市均曾超过了八钱；1872年、1873年、1876年的"银拆"，折合月息分别是八厘七、一分另二毫、九厘,个别日子合月息四分五厘,这显然是属于一种封建性的剥削。

在中国社会半殖民地化加深的过程中,钱庄因获得外国在华银行的支持而获得发展,甚至在本国新式银行出现以后,钱庄因其与商业资本固有的联系,长时期仍然是商家不与银行往来者甚多,而不与钱庄往来者绝少;一些新式企业,也由于钱庄的规元和汇划制度得到外商银行的支持,钱庄的庄票到处畅通无阻,而本国银行的本票、支票均不通行,因而也多需要在钱庄开户存款保有往来关系,因而钱庄就一直在本国金融市场拥有重要的地位。但是,由于钱庄本身资本微小,以及经营管理的封建落后性与投机性,因而也就难免不时出现危机,发生倒闭风潮。如在上海,在清朝末叶的最后二十年间,就发生过光绪八年(1883)的"倒账风潮"、光绪二十三年(1896)的"贴票风潮",以及宣统二年(1910)的"橡皮风潮"。①

---

① 1883年倒账风潮。倒账风潮发生于1883年1月12日(清光绪八年十二月初四日)。时有金嘉记源号丝栈,因亏折款项56万两,突然倒闭,钱庄被累及者共40家。此时正值旧历年终,市面骤起恐慌,而各业因周转不灵倒闭者亦相继而起,先后倒闭的商号共二十余家,倒欠款项总数在一百五六十万两,钱庄因受累而停业清理者,竟占半数。故至2月11日(清光绪九年正月初五日)钱庄开市,南市大小钱庄仅23家,北市仅35家。较去年南市少一半,北市少三分之一。

1897年贴票风潮。贴票风潮发生于1897年(光绪二十三年)。先是有潮州帮郑姓开设协和钱庄,首创贴票办法,以高利吸收存款,凡以现金90余元存入者,即由钱庄开给远期庄票一纸,到期后,可持票往取现金100元,名曰贴票。此项办法,最初仅通行于少数钱庄,以后因其法吸收理款甚易,遂专设此类钱庄经营贴票。据当时估计,这类钱庄所开出的空票,其总数在200万元左右,或谓竟在二千五六百万元以外。贴票利息,最初不过二三分,以后竟有高至五六分者。至是年11月24日(光绪二十三年十一月一日)贴票钱庄有到期不能照付现款者,于是破绽既露,相率倒闭。计见请报端者,已有协大、恒德等数十家,其余陆续停闭者尚不计其数。总之,凡经营贴票的钱庄,几乎全数倾覆。

第五章
外国在华银行及其活动；本国新式银行的设立及旧式金融机构的发展与变化

票号，是清代乾隆至嘉庆年间（1736—1820）由一般商号兼营汇兑，而发展到专营汇兑的封建性金融机构，第一家是由日升昌颜料行改组的日升昌票号。由于票号的经营以山西商人为最多，所以又称为山西票号。在鸦片战争以前，它与钱庄是我国封建社会的两个主要货币经营业者，也主要是为封建商业资本服务的重要旧式金融机构。在鸦片战争前后，因鸦片输入致使白银源源外流时，票号在动员内地银两向外输出中，曾起了重要的作用。鸦片战争以后，钱庄因获得外国银行资本的支持而发展，票号则因依附清朝贵族官僚而发展。太平天国运动期间，国内南北各地道途梗阻，现金运输困难，于是清政府的饷需、赋税、丁银等都交由票号代汇，票号的业务自此便因与官府结托而大为发展，并在同治、光绪之时（1862—1874、1875—1908）达到了鼎盛时期。

票号这一旧式金融机构，封建色彩浓厚，如山西票号，又有祁县帮、平遥帮、太谷帮等，它们多为合资组织，也有独资经营的，对资金皆负有无限责任，其组织形式则采取分支机构制，大小几十

（接上页）

1910年橡皮风潮。1910年7月中发生的橡皮股票风潮，上海钱庄因此而倒闭者，有正元、谦余等八家，其他受牵累而停闭者，尚不计其数。至于风潮的真相，说者不一：有谓于1908年时，有某西人在上海创设橡皮股票公司，发行股票，并大登广告，宣传橡皮事业将来之希望，当时中外商人咸被蒙蔽，竞相购买。钱庄亦以此项股票，远胜现金，争先收积。不料1910年7月，该西人佯言回国，一去不返，于是始知受欺，股票价格逐一落千丈，视同废纸，商人纷纷破产。钱庄乃大受影响，终于演成风潮。有谓该项股票公司不止一家，凡在南洋估定土地，即在上海组织公司从事招股，并以种种方法诱人买卖，每股股票价格常超出原价六七倍以上；但此项公司，有虽已种树而尚未出货者，亦有仅占旷地而并未种树者，所以公司创设经年，而股利一无所获，结果投机狂热，骤由沸点而降至零度。股票风潮遂因此而发生了。(《上海钱庄史料》，第45—46、57—58，74—75页）。

号联合一个系统，如首创的日升昌票号及其他七八家分号最多的山西票号，分支机构皆有三十余处。在光绪年间全盛时期，全国票号除总号外，分号共414家，分布于二十一行省及蒙古、新疆等地方。一般说来，票号的势力以黄河流域为基地，兼及长江流域一带；其营业范围包括汇兑、存款、放款、贴现、信托等，票号汇兑业务最盛的年份，在光绪二十八年至三十二年间（1902—1906），每年汇款总额达1 000万两，多的达2 000万两左右。它们的存款，则以官款为大宗，包括税项、运饷、协饷、丁漕等，这些官款皆不计利，私人存款则主要为官吏宦囊及绅富私蓄，每年付息亦仅二三厘，如平遥帮的日升昌、百川通等票号，其资本不过十余万两，而存款则多至数百万。它们的放款，主要是贷放给官吏、大商人及钱庄，重点尤其集中到对政府官吏的垫支及代办捐官升缺的款项，这种放款获利较大，这是因为清朝定制，凡授外官，国家并不颁给旅费，故有职者一旦外任，非数千金不能敷衍而赴任任事，在这种情形下，票号借款一万两，往往仅交现金七千，其余三千则作为扣款，这显然是属于一种参与封建官僚机构的超经济剥削。

正是由于票号这一旧式金融机构的发展，主要是借助于与封建官府的结托，它们所依附的势力是最腐朽的清朝封建贵族官僚，所以虽曾显赫一时，但到清末大清银行等新式银行以及各省官银钱号设立以后，便使它们的官款存、汇丧失大半，外商银行及钱庄对它们的存、汇业务也有相当的掠夺，加之它们本身经营组织的落后保守性，因而便促成了票号的迅速衰落，尤其是辛亥革命、腐朽的清贵族政权的垮台，这一依托封建官府的旧式金融机构，也就完全没落了。

第五章
外国在华银行及其活动；本国新式银行的设立及旧式金融机构的发展与变化

最后，关于典当业，这是我国封建社会中已有千年以上历史的旧式高利贷金融机构。明末清初时，一家大典当业的资本额往往有几千两至几万两，他们主要承做有实物作抵押的放款，主要对象是城乡贫民及某些落魄的贵族和地主、富户。在清代，最初，国库及地方各库款项，往往发给大典当商取利生息，民间富户也多有存现款于当铺生息的，因而在一定程度上，在国内经济周转中曾起到货币经营资本中心的作用。

鸦片战争以后，由于钱庄、票号的发展，典当业在国内金融中的地位与作用相应缩小，它的营业范围就逐渐限于对城乡人民消费性的质押放款了。但是，由于外国资本主义侵略的加深，伴随人民群众的日益贫困，典当业在十九世纪六十年代以后也曾有过一时的兴盛，如在光绪十四年时（1888），北京以外的全国典当数目就有7 000多家，往往一县之内，典当多至十余家乃至数十家。[①]

典当业对于城乡人民的剥削是很残酷的，所当物品逾期不赎就被没收，所以高利贷从来就是压在劳动人民身上的一副沉重枷锁。可是，由于官府对典当业的苛重税捐勒索、战乱、政局动荡等，又常使典当业较他业蒙受更多的损失，因而，在半殖民地半封建的中国社会中，典当业的总趋势仍是趋于衰落。

[①] 当时人张焘《津门杂记》对天津典当业的情形记述说："天津县属城乡，典当凡四十余家，每年冬有减利之则，由藩司出示。……平时利息，绸布衣服、金银首饰每两二分，羽纱、呢绒、皮货每两三分。年例子仲冬十六日起，至年底为止，原利三分者让作二分，原利二分者让作一分五厘；……一进腊月，则烂其盈门。柜台伙计，已有应接不暇之势。柜外人声鼎沸，纷如乱丝。从日出直至日昃，迄无宁晷，至岁底数日，人数尤多，事情尤顼。大除夕，城乡当铺。一律向不关闭，纷纷一夜，竟有守候终宵者，至元旦日出，人数始稀。"这一记述，对清代末叶半殖民地半封建中国社会的情形很有典型性。

第六章

北洋政府统治时期的货币与金融

第六章
北洋政府统治时期的货币与金融

第一节
本国银元的广泛流通与趋于划一

辛亥革命推翻了腐朽的清朝，建立了中华民国，结束了几千年来的专制帝制。辛亥革命是一次资产阶级旧民主主义革命，嗣后，1919年又爆发了五四运动，掀开了中国新民主主义革命的篇章，这对近代中国货币、金融的发展均曾起有一定的积极作用。可是由于中国资产阶级的软弱与革命的不彻底性，北洋军阀攫取了统治权力，中国社会的半殖民地半封建性质并未能改变，因而旧中国货币、金融的半殖民地半封建性质也始终未能发生本质的变化。

在货币制度与货币流通方面，辛亥革命以后重要的积极发展，就是本国银元制度的成长，即本国银元获得广泛流通并趋于划一。

辛亥革命发生以后，最初由于战争的影响，币制及货币流通一时呈现更为纷乱的情形。当时通行的银元就有十数种，外国银元有鹰洋、站人、本洋等，本国银元有广东、湖北、江南、安徽等各种龙洋，有吉林币、东三省币、奉天币，有造币厂币、北洋币、大清银币等。新式大清银币，系在辛亥革命前所铸，而于革命以后，因供应军饷方始陆续发行，而造币总厂则在革命以后仍继续鼓铸"宣统元宝"龙洋。由于银元种类繁多，钱庄、烟兑业借机对各种银元价格抬高抑低，从中渔利，致使人民遭受经济损失，并给正常的经济生活带来不便。

北洋政府为了整理币制，划一银币，于民国三年（1914）2月，颁布《国币条例》十三条，决定实行银本位制度。《国币条例》规定："以库平纯银六钱四分八厘为价格之单位，定名曰圆"（第二条）、"一圆银币，总重七钱二分，银八九、铜一一"（第五条），并规定"一圆银币用数无限制"（第六条），即以一圆银币为无限法偿的本位货币。

根据这一条例规定，于1914年12月及1915年2月，先后由造币总厂及江南造币厂开铸1圆银币，币面镌袁世凯像，故俗称"袁头币"或"袁大头"。袁头币原定成色为纯银九成，后来为了便于收换旧银元改铸新币，把成色降为纯银八九，即含纯银六钱四分零八毫。这种新币，花样崭新，型式划一，重量、成色也能遵守规定，即一枚银元，其实际重量、成色与法定重量、成色相比，均不逾8‰，所以发行以后，人民乐为行使，不论通商口岸及内地，均能顺利通行。

1915年，袁头币首先在上海金融市场取代了龙洋地位，以新币行市代替了龙洋行市。原来，辛亥革命以后，上海银钱业所开的银元行市，即洋厘价格，每市分鹰洋、龙洋（江南、湖北、广东、大清银币）两种，大约以标准的鹰洋为主，龙洋减小二毫半或一毫一忽半,无正式行市的杂色银元兑换时,则需数量不等的贴水。袁头币在各地顺利发行后,中国、交通两行便与上海钱业公会协议,从1915年8月(农历七月初一)取消了龙洋行市。

1917年北洋政府财政部又规定,一切税项均应以国币计算税率,各一元新主币通行省份,征收税款应以该项主币为本位。新主币较多的地方,应专收该项主币或代表该项主币的银行钞票;新主币少的地方,可按市价搭收旧银元、银角、铜元、制钱等。在银元充足的地方,税收机关不得收用生银,通用银元为数不多的地方亦应限制收用生银。至于外国银行钞票则不许收受,对外国银元,非不得已时亦不许收受。这一措施进一步增强了袁头币的流通力量。及至1919年五四运动时,继学生罢课、工人罢工之后,上海商界亦实行罢市,于是在反帝爱国热潮中,钱业公会乘机决议于6月11日开市时取消鹰洋行市。自此,袁头币遂在国内银元流通中,终于取得了唯一主币的地位。

国内流通界本国银元趋于统一,袁头币成为银元流通中的唯一主币,是适应社会经济和民族资本发展的要求的。清朝末年各地流通的银元成色纷乱,各省造币厂局竞求造币余利,所铸银元不及法定者十居六七。到1919年,各种龙洋铸出总额为二亿八千余万元,还有深受外商银行支持并借以居奇的鹰洋,它在民国初时,国内流通及贮藏额曾有三四亿元。这些旧银元都逐渐从流通中被排除而趋于消灭,而袁头币则成为国内一切支付、大小交易中起唯一主币作用的银元。这显然是我国近代货币流通史上的一个重要进步。

1914年的《国币条例》还规定铸造银、铜辅币实行十进位的辅币制度，条例第四条规定"国币计算，均以十进，每圆十分之一称为角，百分之一称为分，千分之一称为厘，公私兑换，均照此率"。关于银辅币，规定铸造总重三钱六分的半圆银币、一钱四分四厘的二角银币、七分二厘的一角银币，成色均为银七铜三，铜辅币则有二分、一分、五厘、二厘、一厘铜币，银、铜辅币均为有限法偿货币，规定有一次授受的数额限制。可是，十进位的银、铜辅币制度并未能实现，因而健全的银元本位制度也始终未能建立起来。

关于一向带有辅币性质的小银币，辛亥革命以后，各省仍多继续铸行，但是成色愈加分歧，形式更不一致。广东向以双毫为本位，所铸"弍毫银币"铸额最多，行用亦广，每年铸数多至二亿枚，少亦二千余万枚，它们与本位银元并无固定联系，两者之间的行市随时涨落不定。1916年，当中、交两行钞票停兑，北方现货缺乏的时候，天津造币总厂曾借机按《国币条例》的规定，铸造一角、二角及半圆银币（中元），最初在京兆（北京）、直隶（河北）发行，渐次推及山东、河南等省。最初推行尚顺利，因铸额不多，十进制度也可维持。嗣后，造币厂贪图厚利，便尽量滥铸，铸发数量日多，于是新辅币供过于求，商人乘机暗开行市，辅币的面额价值就维持不住。因而，1923年以后，银辅币的十进位制度便完全破坏了。

另一种带有辅币性质的铜元，辛亥革命以后，各省更纷纷设局开铸；民国以后铸造的新型铜元，主要是镌有交叉国旗的"开国纪念币"和"中华民国"铜币，面额仍以当十文者为最多，其次是当二十文的，而五文、二文、一文铜元为数不多；在四川省，则更铸行一百文、二百文大铜元。这些新铜币，与旧有的"大清铜币""光绪元宝""宣统元宝"铜元同时并用。由于种类众多，重量、成色各异，因而铜元价格也是因时因地而异，它们的行使范围，不但四川的大铜元只能在省内通行，其余各省所铸当十、当二十铜元也多不能出省流通，甚至有的只能流通于某某数埠。

在各造币厂局竞事滥铸的情形下，据1913年12月财政部泉币司调查，当时各省所铸铜元已达290亿枚，其中以当十铜元为最多，几及286亿枚。而综合各方面的材料，据估计，到1917年各厂历年所铸铜元则当有323亿枚以上。在这种情形下，辛亥革命以后，铜元的市价仍继续跌落，大致在五四运动以前的七年中，铜元市价常盘旋于银元每元合当十铜元130枚左右。这一时期铜元价格总的说来还算稳定，其原因是第一次世界大战爆发后，铜价大涨，铜元铸造成本增加，使得各厂铸额有所减少。除此，还有一部分铜元被私毁而运销海外。

自从铜元盛行以后，随着铜元铸发数额的增加，旧制钱便基本上被排除于流通之外，只是在一些偏僻地方，制钱仍然使用。

在1917年，天津造币总厂趁当时各省发生"钱荒"之机，继铸造银辅币以后，曾又试铸一分及五厘二种铜辅币，一分者有"每一百枚当一元"、五厘者有"每二百枚当一元"字样，而且新铜币的形制，币面中心铸有圆孔，以与当制钱若干文的旧铜元相区别。这种新铜辅币铸发以后，由于铸额不多，政局动荡，民间亦未习惯使用，于是就自然归于消灭了。

综观上述，在北洋政府时期，由于军阀割据，内战不绝，加上各帝国主义国家从中操纵与阻碍，本国银元制度与银元流通虽然获得一些进步,却一直未能建立起一套本、辅币完备的银元本位制度,尤其是银两流通仍延续下来,两元并用的局面并未扭转,所有这些均清楚地反映着当时货币制度与货币流通的半殖民地半封建性质。

第 二 节
两元并行及其弊害

辛亥革命以后,由于新式银币,包括大银元、小银元或银毫的广泛行使,在日常支付中便代替了小锭碎银的使用,从前完粮纳税用银两,现在也多折纳银元了;可是,商业往来和国际收支,还是普遍地用银两计算,因而两元并行的局面仍然继续着。

银两流通带有明显的封建落后性,两元并行给社会经济带来很多消极的影响,特别是对于商业和财政方面。

商业方面。交易计算虽用银两,而实际收支则用银元,这样,用银元换银两,又用银两换银元,辗转折合,贴水亏耗就很大,如在上海,袁头新币每元含纯银库平6钱4分零8毫,折合上海规元银为7钱1分2厘8毫4丝,每元含铜7分9厘2毫,折合规元银1厘8毫2丝8忽,每元铸费纯银6厘,折合规元银6厘6毫7丝4忽6,因而袁头新币每元之实际平价为规元银7钱2分1厘3毫4

丝 4 忽 6，以此平价为基础，洋厘市价常在 7 钱 2 分左右。钱庄向例，存银有息，存洋无息，钱庄对往来户，不论是商号或个人，在解入银元和支出银元时，都要结合洋厘市价，收取每万元一两二五的手续费。于是，当商号以洋万元去存，按当日洋厘折成银两数，如当日洋厘为 734 125，则应折合银 7 341 两 2 钱 5 分，但钱庄要把一二五抹去，只记入 7 340 两；至提取时，则按提出当日的洋厘核算，并不减去一二五，如提出日的洋厘仍为 734 125，则按此核算，原存 7 340 两（系 10 000 万元存入款），就只能提出 9 998 元有零了，一出一入，钱庄即获得 2 元好处。如果关系不深，钱庄还不照一二五计算，甚至照二五（2 毫 5 丝）核算，那就折耗更大，这种折耗，显然是一种封建性剥削。

其次，在两元并行的情形下，商家便都需要双重准备，即既须有银元准备，又须有银两准备，因为，购进洋货要银两，收购土货需银元，用途不同，使银元、银两互不能代替，市场上二者缺一，皆会导致金融恐慌。然而两元并行，当时市场上的银款交易，其实也大都是以银元折合收付，银两并无实际上的授受，少数银块只不过是作为市面筹码而已。可是，两元既然各有用途，因而也就给投机商人以可乘之机，在他们的操纵下，每使洋厘行市骤涨骤落，累及正当商人。譬如沪上所吸收的土货，以棉花、丝、茧、茶、小麦及米为大宗，丝、茧、麦、茶盛于春季，棉花及米盛于近冬，每当丝、花等新货登场之时，洋价必涨，甚至旬日之间也有变化。如 1919 年洋厘最高价为 0.763，最低价为 0.719，高低差价为 0.044，该年 5 月茧汛时，洋厘最高价为 0.742，最低价为 0.733，高低差价为 0.019；而在 1923 年，汉口及直、鲁、东省一带，秋收丰稔，洋用殷切，因而 11 月 17 日达到全年最高价之 7 钱 3 分，与上一年 11 月之最高价相同，其后稍落，然 29 日英商汇丰银行突然售出现洋 100 万元，该日午市遂奇跌至 7 钱 1 分 6 厘，为全年之最小价，而高低差价至 1 分 4 厘。所以，当两元并行时，在一般情形下，一到每届丝、花登场之时，由于洋价上涨，便使丝业、花业承担损失，而在投机商人操纵下，使洋价发生骤涨骤落时，则更使正当商人深受其累。至于直接经营对外贸易的商人，由于买货以金计算，买金以银计算，卖货以元计算，因而在货币上，在两元比价的变动之外，又有金、银比价变动的影响，除此，再加上商品市场方面价格的变动，他们所承担的风险就更大了。

财政方面。银两制度本身既不统一，银价各地又有差异与涨落，因而各口关银、各省赋税的征收，折算起来就非常纷歧和烦难。如同是关平银，但各口关平银、库平银的比率却不一致，江海关等为 101.643、江汉关等为 102.2053、粤海关等为 100.840，各关的差异不一而足。至于关平银与各地通用银两的兑换率也不一律，少的如厦门的关平银百两折合 101.75 两，多的如海河折合 113.76 两，相差 10% 以上。由于折合比值不同，使得折收数额也有差异，因而就给财政管理工作造成极大的不便。

由于全国各省纳税的货币不同，折合的方法不同，就更造成人民的负担极不公平。比如，在直隶（河北），各税应纳货币向以库平纯银计算，唯验契注册及印花税等项新税征解银元，嗣奉财政部令，自 1914 年 4 月起一律改征银元，而民间实纳的货币，通都大邑多是用库平纯银及银元，偏僻地区则多用银元及制钱，而各种货币折合情形则是：铜元，宣统三年（1911）铜元 128 枚合银元一元,197枚合库平银一两,而1914年,铜元131枚合银元一元,201枚合库平银一两。在山东,各税应纳货币,向以库平纯银计算,1914年地丁改革后,一律征收银元,而民间实纳的货币,向系制钱、银两、铜元三项,到1914年时渐用银元,各种货币折合情形则是:银两,地丁改章后银一两作银元一元五角,平以漕平、济平为最普通,漕平每百两合库平九十八两,济平每百两合库平九十八两四钱;铜元,宣统三年(1911)铜元410枚合银一两,1914年,394枚合银一两,而地丁改章,则以铜元260枚作银元一元;至于制钱,地丁改章后,则以2 470文作银元一元。在这种情形下,显然更加剧了各地赋税畸轻畸重的负担不合理状况。更有甚者,税吏借两元比价随时变动,利用各地货币流通的混乱而营私舞弊、中饱私囊。如当时曾有人在农村看到,税吏持有单收田赋,书明:"计纳漕米一升二合",并加盖红戳,注明"每米一石折合五元",据此,米一升二合应折合银洋六分,然而税吏却借言以米折银两,以银两折银元,而向农民索取银洋八角。① 这突出反映了对农民的残酷的赋税剥削及两元并行、币制混乱的弊害。

---

① 李芳:《中国币制统一论》,北京大学1918年出版、商务印书馆代印,第56—57页。

第三节
纸币流通的发展；"京钞风潮"

辛亥革命以后，民国元年（1912）各处大清银行均改为中国银行，同年12月，财政部呈准由中国银行发行兑换券，规定：完纳各省地丁、钱粮、厘金、关税，购买中国铁路、轮船、邮政等票及交纳电报费，发放官俸、军饷，以及一切官款出纳及商民交易，皆一律通用，不得拒收及折扣、贴水，并按券内地名，由各地中国银行随时兑现。

中国银行发行的钞票，银元票有1元、5元、10元、20元四种，自1914年铸发袁头币以后，即发行有票面印明"兑付国币"字样的钞票。中国银行还曾发行铜元票，由该行北京、河南、南京、江西、张家口等分行发行，自1918年后，即逐渐并于各地的平市官钱局发行。

交通银行在辛亥革命以后，仍继续发行钞票，1913年年初，由袁世凯命令，使交通银行按照中国银行兑换券章程发行钞票，嗣后，于1916年正式获得国家银行发行兑换券的权利，一些商业银行，如浙江兴业、四明银行等，也都继续发行兑换券。

除去北洋政府的国家银行和一些商业银行发行钞票外，各地方银行及官银钱号仍与清末一样，皆继续发行各种纸币，而且辛亥革命爆发后，各省财政无着，因而皆以发行纸币作为筹款手段，民国二年至民国三年间，各省纸币发行总数约有16 300万元；纸币滥发的结果，即促使物价上涨，地方纸币普遍贬值，平均市价仅为面值的七折左右，不少地方的纸币贬价至五六折。

北洋政府也曾企图对纸币发行进行整顿，1915年10月公布了《取缔纸币条例》规定：凡新设立之银钱行号，或现已设立而向未发行纸币者，皆不得发行（第二条）；已获准发行纸币的银钱行号，仍准其于营业年限内发行，但对发行数额要加以限制，要求以最近三个半月平均数目为限，不得增发等（第三条）。可是这一条例并未收到很大效果，仅少数商业银行暂时停止或紧缩发行，如浙江兴业银行，在条例颁布后，即与中国银行订约收回本行钞票，而领用中国银行兑换券，代为发行，四明银行则逐渐收缩本行钞票的发行；但是，各省官银钱号却根本不曾遵照办理。

中、交二行及商业银行发行的纸币，都是银行兑换券性质，发行数额都不大，流通情况也较好。民国元年（1912）时，中国银行钞票发行额为1 061 636元，交通银行钞票发行额为793 558库平银两，到1915年，中行发行额增至38 499 228元，交通银行为24 683 110两，然而这时袁世凯为要恢复帝制，他筹备即皇帝位的耗费即超过2 000万元，而云南起义后，各省纷纷响应讨袁战争，军费大增，遂使国库如洗，中、交二行的现银准备也被提取。于是北洋政府便于1916年5月12日下令对中、交两家国家银行的钞票停止兑现，由于实行停兑令的只有京津等少数地区，因而称为"京钞风潮"。

停兑令发布以后，立即引起市面骚动，现银绝迹，物价上涨，人民所不可或缺的食粮急骤上涨了二成以上。这时，政府各项租税、铁路运费等所收皆系纸币，因而不及半月，交通部便下令对一部分铁路运费按等级收取现银。很快，买火车票、买邮票、发电报皆收现洋，而不收钞票，财政税收机关收税也都要求搭收现洋。6月12日交通部还下令一部分所管铁路运费只收交通银行钞票，完全拒收中国银行钞票，以减低交通银行钞票贬值的程度；直隶省财政厅则下令拒收中、交二行钞票缴纳税款，一般商业界在停兑令发布后的第三个星期，也开始拒用，于是钱店公然变动两行纸币行市，京钞市价常在七折至九折之间，最低时至五六折，甚至四折。

对待北洋政府的停兑令，中、交二行的态度是有差别的，直接表现为袁世凯亲信梁士诒掌握的交通银行，积极支持这一命令。它对政府的垫款较中国银行多。据统计，截至停兑令前一日止，交行为袁政府的垫款达3 800万元以上，而当日交行的钞票发行额则为3 682万元，垫款超过了发行数，但它的库存准备则比中国银行空虚得多。中国银行对这一命令则持消极态度，特别是与江浙资产阶级集团关系密切的中国银行上海分行，在北洋政府停兑令下达后，利用外国租界的庇荫，便公然拒绝执行停兑令，它们组织中国银行的商股股东联合会，并聘请外籍律师代表股东、大存户接管了中行上海分行的财产。当时所谓南三行（浙江兴业银行、浙江实业银行、上海商业储蓄银行）的资本家，就是中国银行的大股东与大存户，他们基于切身利益，积极支持中国银行上海分行继续保证钞票兑现。这样，在停兑令公布后，经过十余天的维持兑现，持票兑现的人便少了，于是总算度过了这场停兑风潮。经历了这次停兑风潮，中国银行获得了地主、资产阶级的更大信任，吸收的存款成倍增加，而中国银行发行的钞票不仅广泛流通于长江流域一带，而且远达于四川境内。

中、交二行北京分行所发的钞票（京钞）比上海多，而各地分行对北洋政府的垫款也都集中到北京分行，因而北京应兑现的钞票和应付的存款数字就很大，两行合计共达7 000万元，而两行库存准备只有2 000万元，不敷数达5 000万元。停兑以后，北洋政府仍继续要两行垫款，截至民国六年（1917）12月止，中国银行垫款已达4 540余万元，因而京钞流通数及存款数也由五月停兑时的2 600余万元，更增至9 700余万元。在这种情形下，京钞市价便不断跌落，因而迫使银行对所发钞票设法加以整理，并向财政部催还九千数百万元的积欠。于是北洋政府于1917年借当时庚子赔款展限之机，指拨该项延期赔款为基金，发行民国七年（1918）六厘短期公债及六厘长期公债两种。即以京钞兑换公债，前后共收回京钞1 000余万元，但京钞仍未收尽，所以又于1920年以海关盈余为担保，发行整理金融短期公债，将流通的京钞全部陆续收回。至此，拖延达四五年的京钞问题方告结束。

1919年五四反帝反封爱国运动以后，本国银行资本有所发展，由于它们各地的分支机构增加，纸币信用的增强，本国银行兑换券的流通也有所发展，1921年本国银行纸币发行额为9 594万元；

1922年开始超过10 000元,达11 497万元;1925年超过20 000元,达20 500万元;1927年则为26 216万元,大致在关内(清时"关内"指山海关以西的地区)华北、华中及上海一带的纸币流通,本国银行的钞票便开始占据优势地位了。

关于外国银行纸币,大约清末至1918年,是外国银行纸币流通最多最广的时期。据最低估计,各外国银行纸币发行额1918年达31 000万元,而每当国内币制混乱,纸币信用遭受破坏的时候,也就是外国银行纸币趁机大量发行、扩大流通的时候,如1916年发生"京钞风潮"并延续数年进行整理时,这一时期外籍银行便趁机扩大发行,在京、津等地排斥中、交两行的钞票;1917—1926年奉天省的东三省官银号所发的银元票"奉票"停止兑现,日籍银行便在东北各省趁机增发纸币;1924年广东省纸币贬值,而毫洋重量、品质杂乱,便给予港币扩大流通之机。不过,从五四运动以后,一些外国银行:德华银行(1917)、中法实业银行(1921)、华俄道胜银行(1926)先后停业清理,使持有这些银行纸币的商民深受其害,如1921年7月,中法实业银行因巴黎总行营业亏损,突然停业并停止兑现,它在京津等地所发纸币也一时成为废纸,后来,北京政府虽责成北京银行公会协助收兑该行的纸币,但外商银行的"信誉"也被打破了;而华俄道胜银行因巴黎总行外汇投机失败,于1926年9月突然倒闭,它所发行的各种卢布纸币便成为分文不值的废纸,更使我国东北许多商民遭受倾家荡产之祸。这些事实打破了人们对外国银行纸币的盲目迷信,显然就有利于本国银行纸币的推广,尤其是五四运动期间及以后,群众爱国情绪高涨,如各日籍银行的纸币就因受到中国人民的抵制,在关内便不能再流通了。所以，1919年五四运动以后，随着本国银行资本的发展与纸币信用的增强，外国银行的纸币在关内华北、华中及上海一带便不得不逐渐让位于本国银行的纸币了。此后，外国银行纸币在中国的流通便更带有地区性色彩，如日籍银行纸币在东三省流通、港币在广东流通，以及法国东方汇理银行发行的安南纸币在云南、广西流通等。

可是，在北洋军阀统治时期，外国银行钞票的流通，始终仍居于重要的地位，民国元年（1912），外国银行在华纸币发行额为43 948 359元，同期，本国银行的纸币发行额只有52 675 375元；1921年中国银行业的纸币发行额仅有95 948 965元，同期外国银行在华的纸币发行额则达212 384 806元，1925年中国银行业的纸币发行额有205 006 026元，而外国银行在华纸币发行额则达323 251 228元。这些外国银行纸币的大量流通为中国社会半殖民地性质的烙印。

第四节
中国银行业的成长与发展

辛亥革命以后，大清银行改组为中国银行，根据北美政府财政部1913年4月新订的《中国银行则例》，规定享有代理国库、经理和募集公债，特准发行钞票、铸造银币等权力，虽无中央银行的名义，但已是事实上的国家银行。当时，中国银行实际资金不足300万元，因而于1917年修改章程，除官股外，并招足商股1 000万元。1921年增收商股，官股亦渐改商股，至1927年时，该行资本已近2 000万元。

原由清邮传部奏准设立的交通银行，北美政府交通部于1914年3月另呈颁《交通银行则例》，规定该行不仅经管路、电、邮、航四项款项，并得"受政府之委托经理国库""受政府之特许，发行兑换券"等，因而也成为具有国家银行性质的银行。交通银行获得分理国库权力后，中、交二行后来大致按中国七成、交通三成的比例办理。1922年后,交通银行又增收资本,改为国币1 000万元。中、交二行都是官僚资本为主的银行,是北洋军阀政府的两大金融支柱。

辛亥革命以后,主要是第一次世界大战期间及稍后之时,由于各主要帝国主义国家均卷入战争旋涡之中,战争结束,又发生1920—1921年经济恐慌及欧洲各国内部的革命危机,因而它们无暇东顾,暂时放松了对中国的侵略。这时,外国商品输入减少,使中国资本主义获得发展的机会。1912—1919年期间,民族资本工业的厂矿平均每年设立59个,资本总额为1185万元,而发展最快的纺织业和面粉业,如纱厂在1914—1922年间即增加了54家,面粉厂在1912—1921年间增加了117家。

在这一时期,民族资本的银行也获得显著的发展,1914—1921年间,全国新设银行94家,其中包括著名的五家银行:1915年设立的上海商业储蓄银行和盐业银行、1917年的金城银行、1919年的大陆银行、1921年的中南银行。上海商业储蓄银行和原先已设立的浙江兴业银行、浙江实业银行①被称为"南三行",而盐业、金城、大陆、中南四家则被称为"北四行"。

在这一时期,中国银行资本的力量开始有所成长,业务有了明显的增长,1913—1922年间,中、交二行的存款,中国银行由1800万元增为18 698万元,交通银行由3 542万元增为11 151万元。而民营银行中,浙江兴业银行1913年的存款额为294万元,1918年为1 313万元,1922年为2 129万元,1925年时的存款额则

---

① 该行前身是设立于1909年的浙江地方实业银行,原系官商合办,1923年该行从浙江地方实业银行分立出来,改为完全商办。

为3193万元。这时，它的资本实收额是250万元，存款额为资本的12倍左右。这一年，盐业、金城、中国实业银行等的存款额，也都相当于资本额的5倍左右。上海商业储蓄银行发展更快，1915年成立时的资本只有10万元，存款只有57万元，到1926年，资本增至250万元，存款则达3200万元。

综观整个北洋政府时期中国银行业的发展情况，1912—1927年间，全国新设银行共有186家，1912年本国银行资本总额为3600余万元，1921年时，包括中、交二行，全国24家本国银行的资本总额增至9551万元，1927年本国银行（25家）的资本总额则为11705万元，因而，总的看来，中国私人资本银行一直是保持向上发展趋势的，它不但在第一次世界大战及稍后一个时期，与民族资本工业同时获得发展，而且虽然1921年后，英、美、日垄断资本的过剩廉价商品又复大量涌入中国，1922年起民族资本工业又进入萧条，但是银行业却依旧迅速发展，1921—1923年三年中，新添设的银行数目竟达79家之多。1921年，全国银行（24家）的存款总额（包括储蓄存款）为51020万元，1927年（25家）则为105288万元。同期的放款总额，1921年为51531万元，1927年则为105288万元，而且这一发展趋势进入国民党统治时期以后，仍在继续着。

私人资本银行脱离民族资本工业的发展，不是正常的现象，它反映了旧中国银行业浓厚的封建、买办性质的特点。从资金来源看，它们的资本及存款都主要是来自军阀、官僚、买办和地主，如盐业、金城、大陆等银行的股份，都曾是北方的一些大军阀、大官僚们的争购对象，南三行的资本来源，则主要来自工商业资产阶级、洋行买办和一般官僚。众多的军阀、官僚、大地主们，还把它们的搜刮所得，以定期存款方式存入银行而坐食利金，1923—1927年，16家较大的私人银行的定期存款（不包括储蓄存款），要占到它们的存款总额的40%以上，有的银行超过50%，个别银行，如金城银行，则超过60%（1926年为65%，1927年为68%），这种存款都是不受工商业兴衰状况的影响的。至于银行对工商业间歇资金的吸收，民族工业虽然备受外国资本的打击，可是商业企业中却不少是为外国资本推销洋货、搜购原料服务的，这些企业在商品流通过程中的间歇资金会有相当数量存到银行中来。

从银行的资金运用来看，大量的银行资金被投向政府公债中去。北洋军阀政府1912—1927年期间共发行公债61 200万元，当时反动政府规定公债可充作银行发行钞票的准备及储蓄存款的准备，允许工商业以公债作为借款的担保品，致使公债成为证券市场的投机对象及金融市场的借贷筹码，尤其是公债多是按远低于票面的价格发行，折扣大，利息高，公债折扣加上利息，一般利可达三分，而使承购银行有厚利可图，在高额利润的诱引下，许多银行都把资金投向公债，甚至有专与政府交易而设立的银行。关于银行承购公债情形，据不完全统计，1926年年底28家银行所购公债的余额为9 000余万元，相当于这些银行当时放款余额的11%。北洋政府发行公债，主要用于军费，公债本息的支付则靠加重赋税。因而银行投资公债，实际是资助军阀内战，并参与军阀政府对劳动人民的超经济赋税剥削，对国民经济起有破坏作用，并阻碍了中国资本主义的正常发展。

除去对公债的投资，从1921年以后，随着地产业投机的盛行，许多银行还把资金投向房地产中去。在上海租界中,"道契"是地产的凭证,可以抵押、转让和买卖,在地产投机盛行的年代,有了道契,就可以向银行抵押借款,而银行需款时,则随时可用道契到外国银行去转抵押,因而银行追求厚利热衷于房地产投资,便为哄抬租界的地产价格推波助澜,它只是为帝国主义租界的"繁荣"服务,但对国民经济及正当工商业的发展,则只能起有阻碍和破坏作用。

在所有银行的放款中,商业放款是最普遍的一项业务,可是这些商业放款,多数都是直接或间接为外国资本推销洋货、收购土产服务。本国银行对进出口贸易商和洋行买办放款,并揽做沿海口岸与内地间的埠际汇款,与外商合作经营信托业务以及经办或转手国际汇兑业务等,所有这些活动都与本国民族工业脱节,而主要是为帝国主义的对华贸易效劳,银行本身则借此而攫取到一部分买办性利润。所以,本国银行的资金来源和运用的情形,皆可清楚地显示出旧中国私人资本银行浓厚的封建、买办性质。

北洋政府时期发展起来的民营银行,绝大多数是先天不足、资力薄弱,往往设立不久就纷纷倒闭,这一时期新设立的186家银行,百分之七八十资本额都很小,一般都不超过100万元,有的只有二三十万元,因而这些银行不但在危机和风潮时,而且在平时也会发生倒闭的情形。这一时期新设的银行,截至抗日战争时就倒闭了135家,只余下51家,而1921年以后所设立的104家,则倒闭了77家,仅余27家,即淘汰了3/4。这种大量倒闭的现象,正是银行业畸形发展的必然结果。

在北洋军阀政府时期,钱庄业仍继续发展。在辛亥革命前后的大风潮中钱庄虽大批倒闭，可是由于它们与国内商业有着广泛的联系，经过短期恢复，钱庄的数量又逐渐增多起来。第一次世界大战及稍后一个时期，由于民族工商业获得发展，国内经济呈现兴旺景象，钱庄也与民营银行一样获得发展，在 1913—1923 年期间，如上海的钱庄，除自行收歇者外，没有一家倒闭的，钱庄家数新设最多的年份，如 1918 年新设了 19 家，1923 年为 15 家。总括 1912—1926 年的情形，上海钱庄的家数，从 28 家增至 87 家，资本总额，则从 1912 年的 106 万两，增加到 1926 年的 1 341 万两，每家平均资本额也由 3.8 万两增加到 15.4 万两。

这一时期，私人资本银行的实力还没有超越钱庄，钱庄可获得外国银行拆票的资金支持，并继续控制洋厘，订定拆息，而本国银行在开办初期，对于一般商业情形仍较隔阂，票据的汇划清算又掌握在钱庄之手，于是银行皆要在钱庄存放较多的款项，委托钱庄代为进行清算事宜；有发行权的本国银行，也要利用钱庄与工商业的关系代为推广发行，如上海的钱庄曾用五天期的庄票向中国通商银行领用该行钞票，1924 年以后，钱庄更可根据合约，与一般民营银行一样，以现金六成、公债三成及本行庄期票一成，向中国银行领用中行钞票；钱庄从本国银行的发行和存款所获得的资金便利，与这一时期钱庄业的发展也有相当的关系。

至于外国银行，它们不仅控制着对外汇兑行市，而且由于自由输出输入银块和银元，库存的白银数量又大，如在 1917 年 7 月 7 日沪埠存银，洋商银行计占 82.94%，而华商银行仅占 17.06%；1924 年 9 月 5 日的情形，银底总额 3 580 万两，洋商银行所占的比重仍为 82.37%，即仍约为 4∶1，因而它们就有力量调节金融市场资本的余缺，而上海钱庄控制洋厘、订定银拆，实际也是靠外国银行的支持，并在其控制之下，所以，整个本国金融市场，仍然是处在外国银行的操纵之下。

除此，在北洋政府时期，1913年举"善后大借款"后，继关税权的丧失，盐税权又丧失掉，使得关、盐两大税收的存储和保管权都被外国银行攫取。由于北洋政府发行的有些内债，也是以"关余""盐余"为担保，于是外国银行又于1916年掌握了保管中国内债基金的权力，规定由汇丰银行代海关的总税务司收存。所以，在北洋军阀政府统治时期，帝国主义仍然通过借款给反动政府，并借助在华银行的活动，继续垄断着中国的财政和金融。

第七章

废两改元与法币改革

第七章
废两改元与法币改革

第 一 节
金贵银贱及其影响

  1927 年以蒋介石为首的国民党反动集团，在北伐进军中途，叛变了革命，在南京建立了国民党政府。国民党新军阀代替了北洋政府旧军阀，它的统治基础依然是城乡买办豪绅阶级，对外投降帝国主义、对内镇压人民，因而国民党政府和北洋军阀政府相比，在本质上并无改变。然而蒋、宋、孔、陈四大家族掌握政权以后，却使得旧中国的货币与金融的半殖民地半封建性质获得极度的发展，给中国广大劳动人民带来了难以描述的灾难，压抑了民族工商业的发展，而最后则把整个国民经济推向全面瓦解的边缘。

  国民党政府统治以后，中国已是二十世纪世界上仅有的用银大国，世界银价的波动，使得落后的半殖民地半封建的中国，财政、对外贸易以至整个国民经济都不断蒙受重大的影响与损害。

  作为长期的趋势，由于白银的生产及供应量的增加，长时期以来银价一直趋于跌落。十九世纪七十年代之初，金银的比价为1∶16；从1873年以后的二十年间，银价逐渐低落，1893年时金银比价已达1∶26.49，伦敦银价每盎司为$35\frac{9}{16}$便士。1894年金银比价又陡落至1∶32.56，至1914年第一次世界大战发生时，金银比价均在1∶30到1∶40。在世界银价长期趋于跌落的过程中，如前曾言，中国作为负担债、赔款项的债务国，曾一直遭受"镑亏"之苦。第一次世界大战及稍后一段时期，由于我国出口贸易增加，以及战后一些国家整顿币制、铸造银辅币等原因，曾使银价高涨，1919年金银比价达1∶16.38，1920年为1∶15.17，但从1921年起，银价又趋跌落，至1929年，金银比价已跌至1∶39.07；1930年伦敦的银价降至十五六便士，与1920年89便士半的市价相比，相差达五六倍，而金银比价则成为1∶60。这时，我国上海的标金、外汇并皆飞涨，标金价格由460余两涨至600两以上，外汇以英汇言，则由2先令数便士缩至1先令5便士。

这次世界银价跌落及我国对外汇价急骤下降，其原因是多方面的，如世界经济恐慌减少了工业、艺术对白银的需求，邻近国家印度、安南改行金本位（即金汇兑本位；印度：1925年，安南：1930年2月1日），日本于1930年1月11日解除金禁的影响等；而这次银价骤跌，又值内战不已、天灾人祸频仍、经济凋敝、对外贸易长期入超的情形下发生，因而举凡内外贸易、关税收入、外债偿还以至整个国民经济无不受到重大影响。

银价急骤下降，汇价跌落，使中国在财政上蒙受重大损失。中国作为债务国，每年所付外债本息在900万英镑以上，1930年时对外债、赔款款项的支付，较诸1926年的平均汇率须多付出60%；

与上一年相比，即当国民党政府 1929 年 2 月实行所谓 "关税自主"、施行新税则时，上海规元一两可购英金 2 先令 7 便士，一年以后，则只可购 2 先令半便士了，故因汇价而蒙受的损失即达 26% 之多。

银价下降及汇价波动，对于对外贸易有直接的影响。

当时中国对外贸易的状况和特点：外贸长时期的商品入超以及粮食及各种制造品的大量输入。在一般情形下，汇价下跌有利于本国商品输出，但是中国的出口贸易以饮食物及原料为最多，二者占出口总额的 70%，重要的商品有大豆、茶叶、花生、蛋品、桐油、生丝等。这些物品大多受自然生产条件的限制，不能无限度地增加，而且这些出口商品中，大部分又都有竞争或有代替品，如丝有日本之竞争，茶有锡兰、印度、爪哇茶之竞争等。加之国内政治不安定、农村经济破产，因而能借助汇价下降有利机会增加出口的好处也就不多了。

从进口贸易方面看，因金价上涨，对进口商品本可起有遏制作用，可是处于半殖民地境地的中国，衣、食、住等各方面，都无一不仰给于外人，许多重要的生活必需品并不能因此而减少，如米、麦为南北人民的主要食粮，上海、江苏、浙江、广东等省沿海城市，甚至内地一些地方的食米，也都需要大量仰给于安南、缅甸、暹罗等洋米的进口，面粉、小麦则需加拿大、美国、澳大利亚接济，如无小麦的进口，国内各面粉厂则将不到半年就要停工。从衣着方面看，棉布的输入一向居于进口商品的首位，而国内的纱布业、纱业仰赖印度的棉花，棉织业的细纱原料也一向仰给于海外，至于高级衣料的呢绒、哔叽、毛葛诸物，更皆是舶来品了。衣食之外，住的方面的木材供给，其他建筑材料如玻璃、水泥、工字铁、竹节钢以至门锁插销、一钉一绳之微，亦无不为洋货。交通运输方面，要从外国进口铁道路轨、机车、客货列车、各种汽车等；印刷事业的纸张、民间日用方面的煤油、火柴、肥皂等，国产火柴的原料：木材、磷寸、肥皂的原料碱等皆须依靠国外输入；而外国煤油、棉布、哈德门香烟、瑞典火柴等，亦皆行销内地，深入乡村小市。

许多进口物品，除少数奢侈品外，皆为日常必需品，而这些物品的进口，由于我国进口商人的习惯，定购外货多延不结价，因而金汇涨高便大受损失。由于这些进口货的价格，随进口货价的提高而上涨，因而就使许多仰赖国外原料的工厂，在经营上濒于困难境地，如棉纺织方面，纱业每年购入印度棉160万—200万担，金价一高，原料存货只敷二月之用，经营乃大受威胁；丝光棉纺业，由于细纱原料来自外国，细纱业商便发生倒闭情况，许多棉纺织厂，仅织粗料以维持现状。面粉业因国内产麦只够半年之用，因而金价突涨后，上海的面粉厂就曾有2/3停产等。

金贵银贱，使得白银购买力下降，因而凡百货物反而腾贵，尤其是舶来品及仰赖国外原料的制成品，就涨价尤多；平均估计，各项洋货约涨价1/4，这就使得广大消费者负担倍增。所以，金贵银贱、银价及汇价的下跌，对于中国的财政、对外贸易以至整个经济及人民生活，皆带来严重的消极影响。

在上述情形下，尤其是财政方面的影响，涉及国民党政府的切身利害关系。据总税务司的报告，1929年对外债、赔款项，由关税支付本息为规元6533万余两，较诸1928年的规元5738万余两多支 794 万余两，亦即仅因汇价波动而遭受的损失，即达银元 1 000 万元以上。除此，关税亦因按银计征而缩减，并因此而影响内债的信用；这因为内债大半是以关税余款及新增关税为担保，金价大涨以后，"关余"将所剩无几，新增关税也有摇落之忧，因而也动摇了内债的债信，如金市涨风猛烈时，"整六公债"就跌至六折关口，其他各债亦皆下落。

面对这一情形，作为对策，国民党政府遂于 1930 年 1 月 15 日颁布《改征关金单位令》，并决定自 1930 年 2 月 1 日起，征收海关进口税，一律改用海关金单位计算，海关金单位定值为：60.1866 公毫纯金，等于 0.40 美元、19.7625 便士、0.8025 日元。①

可是，中国作为一个仅有的用银国家，关税改用海关金单位计征，并无补于全局，金贵银贱、汇价波动仍然困扰着当时的中国经济。

这次从 1929 年起的银价急剧跌落，1931 年时伦敦市场的银价最低为 $12\frac{1}{8}$ 便士，1931 年 2 月上海英汇曾跌至 10 便士以内，美汇跌至 0.20 元以内，一直延续到 1932 年才平息下来。

---

① 国民党政府在关税改用海关金单位计征以后，自 1931 年 3 月 1 日起，中央银行又开始发行"关金券"以便缴纳关税之用。最初规定关金券有百分之百的储备作担保，其中至少有 60% 是黄金，其余也都是按金价收受的证券等。截至抗日战争爆发时，流通中的海关金单位券，总额不到 100 万金单位。抗日战争时期的 1942 年 4 月，国民党政府财政部决定大量发行关金券，改定关金券为 88.8671 公毫纯金，关金券一元等于法币 20 元，准完粮纳税折合支付；从此，所谓"关金券"已与海关征税计算单位没有关系，而只是一种把面额扩大 20 倍的大额"法币"纸券。

抗日战争胜利以后的解放战争时期，在法币崩溃以前的 1948 年时，所发行的"关金券"最大面额为"关金贰拾伍万元"，即法币伍佰万元。

第二节
废两改元

中国作为二十世纪仅有的用银国家，当国民党政府统治以后，货币流通仍然继续着两元并行的局面。两元并行给商业、财政等各方面所带来的弊害是明显的，因而民国以后不久，就曾不断有废两改元的呼声。首先，商业界曾起来要求废除银两制度，自江西开始，接着厦门、宁波、奉天等处都相继改用银元计算。1917年上海总商会曾通函各业及长江一带各商会征求意见，但未果行；1920年上海银行公会的《银行周报》也不断发表文章，呼吁废两改元。废两改元未能实行的原因，主要是旧式封建性的钱庄业极力维护银两制度；当时它们在金融界的力量尚居于优势地位，它们不赞成，因而废两改元之议也就不能实行；除此，帝国主义也有意阻挠这一改革的实现。如1918年，中外修改税则委员会成立，曾建议此后关税废止关银，改征国币，然而总税务司则借口国内币制不统一，而力加阻挠，遂成悬案。国民党南京政府成立以后，废两改元之议更为强烈，如1928年春，马寅初以统一国币应先废两用元，于是以浙江省政府委员身份，经由浙江省政府将这一提案转呈南京政府，南京政府亦于该年6月召集经济会议，专案讨论废两改元问题，讨论结果，亦以为"亟应速为设计，以期早日实现"。到了二十世纪三十年代，这时本国银元流通已有较广泛的发展，民族资本银行的力量也有显著成长，官僚银行资本与一般银行资本的力量结合起来，在金融界已具有明显的优势。加之当时内地银元大量流入上海，1932年一年流入上海的白银就有7 000多万元，当时上海银元存数达42 000余万元，致使洋厘行市跌落，竟破七钱关，跌至六钱八分八厘，创历史上空前低价，因而废两改元的时机亦趋成熟。在这一背景下，国民党政府适应金融资本家改革币制的要求，便终于在1933年3月决定实行废两改元，采取单一的银本位币制度。

1933年3月1日，国民党政府财政部颁布《废两改元令》，决定先从上海实施废两，规定上海市面通用银两与银本位币一元或旧有一元之合原定重量成色者，以规元七钱一分五厘合银币一元为一定的换算率，并定于该年三月十日起施行，即凡公私款项及一切交易，均按这一定率用银币收付，不得再用银两。换算率的计算法：

银本位币1元＝纯银23.493448公分①

上海银两每两合纯银33.599公分

$$\frac{23.493448}{33.599}=0.6992305$$

每银本位币1元＝上海银两（纯银）0.6992305两

---

① 编者按：公分原为中华民国十八年规定的重量单位。

加铸费 2.25% = 上海银两（纯银）0.0157327 两

每银本位币 1 元 = 上海银两（纯银）0.715 两

1933 年 3 月 3 日，国民党的立法院修正通过了《银本位币铸造条例》，规定银本位币定名曰元，总重 26.6971 公分，银 88%，铜 12%，即含纯银 23.493448 公分，银本位币 1 元等于 100 分，1 分等于 10 厘；每元之重量、成色与法定重量、成色相比的公差，不得逾 3‰；凡公私款项及一切交易用银本位币授受，其用数每次均无限制，银币的铸造权专属中央造币厂。凡申请铸造银币者，需交纳每元 2.25% 的铸造费。对旧有银元合原定重量、成色者，在一定期限内，仍准其在市面上流通。

废两改元，对于旧式金融机构的钱庄业的不利是明显的，对于它们业务的影响，不仅是会丧失银两、银元兑换佣金的好处，更重要的是，它们通过钱业市场操纵金融行市的两个重要工具：洋厘和银拆也将随之消除掉。最初，钱庄明知难以挽回大势，于 1932 年 7 月时，上海钱业公会对废两改元表示了"原则赞同，唯需假以时日"的态度，意在拖延；随后迫于形势，又议决自 1932 年 8 月 6 日起，将银两、银元兑换的旧有 2 毫 5、1 毫 25 的佣金取消；最后，终于在 1933 年《废两改元令》发布以后，从 3 月 10 日起上海实行废两改元，才废除了 1865 年以来被钱庄垄断的九八规银记账单位，取消了"洋厘"行市，并改"银拆"为拆息。

继上海实行废两改元以后，1933 年 4 月 5 日国民党财政部又发布了在全国实行废两改元的布告，决定从 1933 年 4 月 6 日起，所有公私款项的收付、订立契约票据及一切交易，须一律改用银币，不得再用银两。其在是日以前原订以银两为收付者，在上海应以规元银 7 钱 1 分 5 厘折合银币 1 元为标准，概以银币收付。如在上海以外地方，应按 4 月 5 日申汇行市先行折合规元，再以规元 7 钱 1 分 5 厘折合银币 1 元为标准，概以银币支付。其在是日以后新立契约票据，与公私款项之收付，及一切交易而仍用银两者，在法律上为无效。

除此，新银本位币也于同年开始铸造，银币正面为孙中山肖像，背面为海洋帆船图案，俗称"船洋"。至此，遂在全国范围实现了废两改元，建立了单一的银本位币制度。

废两改元，反映了封建陈旧的银两制度已无法适应社会经济发展的需求，它结束了两元并行局面，对于国内货币流通紊乱状况有所改善，因而在改良币制上有一定的进步性。

废两改元，也是四大家族官僚资本主义为垄断中国金融而采取的一项措施，虽然在实施废两改元以前，帝国主义在华银行曾表示反对，如 1932 年 8 月时，外商银行代表曾以书面向财政部表明态度，主张废两改元须待十年或二十年之后方能实行，它们与钱庄业相同，对废两改元也采取原则同意而力图延宕的态度；它们之所以主张拖延的真正原因，实则是在保持银两流通的情形下，外国大条银进口以后即为货币，而白银的供求盈亏，一向权在外人，因而它们就可以直接操纵中国的币制和金融；可是废除银两流通以后，大条银就仅为一种实物了，白银成为银币，则必须经过中央造币厂铸造手续；除此，先令行市本由外商银行挂牌，银两既废，估价权则将移归中国银行，所以外国在华银行对废两改元皆持消极态度。

可是，国民党反动政府本来就是外国帝国主义的代理人，它们之间并无根本的利害冲突，而废两改元，实行单一的银本位币制度，对于改善中国的货币流通也没有本质的意义，因为这个措施，根本不能解决世界金融市场上银价极度不稳，所加于中国国内货币流通的消极影响，因而废两改元实则也是在帝国主义的同意下而实现的。但是，废两改元，以银元代替了银两，却也为四大家族官僚资本主义垄断纸币发行、实行通货膨胀政策提供了有利条件。

第 三 节
白银风潮与法币改革

1929—1933年爆发了空前的世界经济危机，1934年后各帝国主义之间，主要是英美之间又展开了尖锐的货币战争，对旧中国的经济及货币流通，都产生了巨大影响。

帝国主义为了转嫁危机，二十世纪三十年代后外国商品更如潮涌输入中国，这时，中国国内内战不已，天灾人祸交织，工农业危机加深，而内地农村破产，使大量现银集中到沿海城市，1932年内地流入上海的现银达7 000万元以上，1933年则达8 000万元以上，与此相应，1931年上海本国银行的库存为17 000多万元，1933年则激增到27 000多万元；而上海21家外国在华银行的库存现银，则自1931年的8 600万元，猛增至1933年的27 500万元，现银大量集中于上海这样的大沿海城市，使都市金融呈现一时的畸形繁荣现象，然而其中包蕴着危机。

1935年的中国，仍是一个银本位国家，但中国并不是产银国，而只是用银的国家，世界市场银价的波动，随时都在影响中国国内金融的稳定。庞大落后的旧中国是帝国主义的重要生命线，因而控制中国货币制度的斗争，就成为帝国主义建立货币集团政策的重要构成部分。首先，美国以白银政策展开了这一斗争。

所谓白银政策，是指美国在1929—1933年世界经济危机后，为了转嫁危机，对贵金属白银所采取的一系列措施的总称，包括1933年12月的《银购入法》、1934年6月的《白银法案》，以及提高银价收购白银、禁止白银出口、白银收归国有等具体政策。美国统治集团企图从提高银价入手，使国内物价回升到1926年的水平，借以刺激生产和投资。根据1934年6月美国国会通过的《白银法案》，要求把美国的货币准备金改为黄金75%、白银25%，即"金三银一"的比例，这就要求掌握115 270万盎司的白银，而需要在世界市场大量收购白银；它们打算把白银行市提高并固定在1盎司白银等于美元一元二角九分的比价上。这一打算如果实现，中国的币制显然就会牢牢控制于美帝国主义手中。

美国白银政策的实施，引起银价暴涨，使中国的白银大量外流，促成了1935年的"白银风潮"。原来，在1933年，1盎司白银在纽约市场上的平均行市为美元三角四分六，而在美国搜购白银的刺激下，1934年11月银价涨为每盎司5角2分，1935年4月月涨到七角七分。这时，中国白银便开始急剧外流，1934年7月为2 430万元、8月为7 909万元、10月为5 633万元，总计1934年1—10月共计外流白银23 500余万元，这些数字还不包括私运出口的数字在内。这样，到10月15日国民党政府决定根据国内外银价的差额为标准，征收白银出口税和平衡税，可是由于世界市场的银价还在不断上涨，因而各帝国主义在华银行仍然继续大量装运白银出口，尤其是日本帝国主义更指使日本浪人在上海收买现银，通过华北转运日本。1935年1—9月，由日本本土运到纽约、伦敦出售的白银总数达14 000万日元，绝大部分都是从中国偷运的。

白银大量外流，银根骤然紧缩，造成金融恐慌，导致工商业大批倒闭，给国内经济带来巨大的灾难。1935年国内银行倒闭和停业的约20家，而上海一地就有12家，占当时上海民营银行总数的18%，这一银行集中倒闭情形成为前所未见的现象；一些资力薄弱的钱庄也纷纷倒闭、清理，或坐待官僚资本的"救济"，而1935年一年中，上海倒闭的工商等企业则有1 065家，民族工业遭受到严重的摧残，如上海31家民营纱厂中，停工的有8家，丝厂开工的只有33家，停工的达28家，面粉厂开工的只有14家，不到原有厂家的一半。

美国白银政策对中国银本位的冲击，撼动了国民党政府统治的基础，然而当时列强在华投资占最大份额的老牌英帝国主义，却乘虚而入，在英国政府首席经济顾问李滋罗斯的策划下，国民党实行了"法币改革"。

根据1935年11月3日宣布的实施新货币政策的宣言和命令。法币改革的主要内容是：（一）中央银行、中国银行、交通银行所发行的钞票定为"法币"，即具有无限法偿能力的货币，使所有完粮纳税及一切公私款项的收付，概以法币为限；（二）禁止白银流通，将白银收归国有，充作外汇准备金；（三）法币的汇价规定为一元等于英镑一先令二便士半,并由中央、中国、交通三行无限制买卖外汇。

法币自身没有法定的含金量,它的价值须由外汇汇率来表示,法币一元等于一先令二便士半的汇率,是按近五年来对英镑的平均汇价订定的,而收兑的白银又将运往伦敦换成英镑充作准备,并借助无限制买卖英镑外汇来维护币值,因而法币已是英镑的附庸,这说明国民党的法币改革,已使中国货币制度的独立自主权彻底丧失了,而法币制度则是一种以外汇为本位的典型的殖民地货币制度。

对于国民党政府的法币改革,英帝国主义积极给予支持,就在国民党政府宣布实施法币政策的同一天,英国公使就通告遵守中国的法令:"凡住在中国境内英籍法人或个人,如以现银偿还全部或一部之债务者,应以违法论。"随后,英国的汇丰、麦加利等银行又率先无条件地答应交出数千万元的白银,这是近代中国历史上外国人如此"遵守"中国法令所从未有的事情。

然而法币改革使法币与英镑紧紧相连,成为英镑集团的一员,显然使美帝国主义不能甘心,于是1935年12月,美国就采取了停止在伦敦市场收购白银的措施,以要挟国民党政府就范,这一措施使得白银行市下跌,12月9日前伦敦银市场的白银价格每盎司约$29\frac{3}{8}$便士,到14日便下跌到$26\frac{3}{16}$便士,并有继续下跌的趋势,而期货交易则几乎绝迹。这不仅使国民党政府在售银中受到损失,而且使维持法币制度的外汇基金来源也成了问题。

国民党实施法币改革,为出售白银建立外汇储备基金,势必乞怜于美国。所以法币改革伊始,于1935年11月13日便与美国商

第七章
废两改元与法币改革

妥,以每盎司 0.65 美元的价格,出售 5 000 万盎司白银的秘密协议,而在美国设置了 3 250 万美元的外汇基金。美国在伦敦市场停止收购白银,并降低银价以后,越发促使国民党政府向美国屈膝乞怜,因而 1936 年 5 月又正式签订了《中美白银协定》,再由美国按照世界市场的白银平均价格购买 7 500 万盎司的白银(实际购买价格为 0.45 美元)。除此,还以 5 000 万盎司白银为抵押,获得一笔 2 000 万美元的信贷。中国所得的美元外汇全都存在纽约,并于 9 月间在法币与美元间的汇率上扩大了买卖差价的幅度。① 这样,法币便又成为美元的附庸,使法币制度成为英镑、美元两大货币集团共同羽翼下的附属物。大致上,国民党政府放弃银本位制所建立的法币制度,最初在形式上一直是英汇本位制,抗日战争爆发以后,打破了美英联合控制法币的均衡局面,由美帝国主义逐渐独占了中国币制的控制权。至 1942 年 4 月 1 日,国民党政府将 1930 年 1 月 15 日规定的海关金单位含金量 0.601866 公分提高为 0.888671 公分,即与当时美元的含金量相同,并同时大量发行新关金券,而且规定 1 元关金等于法币 20 元,准完粮纳税折合收付。至此,法币制度遂正式改变为美汇本位制。凡此过程,皆十足显示了国民党法币制度的殖民地性质。

国民党政府的法币完全是一种不兑现的纸币,因为买卖外汇并不等于兑现,它不能直接起到调节纸币流通的作用,而一般劳动人

---

① 法币改革实施时初步定出的汇率,卖价为 14.375 便士,或 0.295 美元。是当时英镑对美元的汇兑比价波动在 1 英镑合 4.92 美元上下的反映。1939 年 6 月间,英镑对美元汇率涨达 5.056 美元,为适应这一情况,便把两种外汇的卖价与买价间的距离同时分别拉大,即英汇为 14.25—14.75 便士,美汇为 0.295—0.305 美元。

民也根本不可能购买或使用外汇，因而法币制度的实施，不仅是从中国人民手中一下子掠夺走了三亿多元的白银，而更重要的是为以四大家族为首的反动政权完全垄断纸币发行，从而能够更方便地实行通货膨胀政策，奠定了基础。

第八章

国民党统治区的恶性通货膨胀

第八章
国民党统治区的恶性通货膨胀

第 一 节
延续十二年的通货膨胀

国民党政府的法币改革,是四大家族官僚资本主义掌握币制、进行金融垄断,从事独裁、内战、卖国等反人民活动的重要步骤。法币制度的实施,为国民党反动政权对全国人民进行残酷掠夺的通货膨胀政策铺平了道路,它标志着旧中国通货膨胀的开始。因为法币政策的实施,法币的膨胀就开始了。1935 年 11 月 3 日法币改革时,中央、中国、交通三行及"与法币同样行使"的农民银行的钞票发行额为 45 700 万元,除此,其他十二家银行发行的纸币有 22 400 万元,但其后即未再增发。至 1935 年 12 月,四行钞票,即法币的发行额增至 67 300 万元,1936 年 12 月增至 124 200 万元,至 1937 年 6 月则增至 140 700 万元,即到抗日战争前法币增发了约 3.08 倍。而这时,物价则上升了 34%,说明法币膨胀与贬值的过程已开始了。

抗日战争全面爆发后，国民党统治区的通货膨胀也正式开始，现将法币的膨胀、恶化及崩溃的过程列表如下：

表8-1 国民党统治区的法币膨胀、恶化及崩溃过程

年份	法币发行额 (单位：10亿元)	发行指数 (1937.6=1)	物价指数 (1937.1—1937.6=1) (1937.6—1945.8：重庆趸售物价； 1945.9—1948.8.21：上海趸售物价)
1937.6	1.41	—	—
1937.12	1.64	1.16	0.98
1938.12	2.31	1.64	1.04
1939.12	4.29	3.04	1.77
1940.12	7.87	5.58	10.94
1941.12	15.10	10.71	28.48
1942.12	34.40	24.40	57.41
1943.12	75.40	53.46	200.33
1944.12	189.50	134.36	548.60
1945.8	556.90	394.84	1 795.00（重庆） (86 400.00)（上海）
1945.9	674.20	478.01	345.99（上海）
1946.12	3 726.10	2 641.80	5 713.13
1947.12	33 188.50	23 537.04	83 796.00
1948.8.21	663 694.60	470 705.39	4 927 000.00

抗日战争之初，人民大众奋起抗战。这时，国民党政府的反共、反人民面目还未充分暴露，因此，群众对法币还给以信任，而且通过认购公债支持战时财政，加以抗日战争以前，法币的流通偏于华中、华北、华南一带，如1937年6月时，法币发行的14亿元，流通于华中者约8亿元、华北约4亿元、华南约1亿元，而流通于西南、西北诸省的则为数不多。大量群众从沿海、沿江地带向后方撤退过程中，手中均需保有一定数量的法币，留在沦陷区的人

民也普遍窖藏法币,这些因素都使货币流通速度趋于缓慢,扩大了市场对货币流通量的需要;另外,1937—1939年间,后方农业收成较好,粮食产量优于常年,这些有利因素,便使在抗战初期通货膨胀的速度还比较缓慢,各地物价上涨的倍数,还未超过或显著超过法币的增发倍数。如到1939年年底,法币发行额较1937年6月增长3.04倍,而同期重庆的物价指数为1.77,孤岛上海的物价指数为3.08。可是国民党政权消极抗日、积极反共,1939年12月—1940年3月开始掀起了第一次反共高潮。由于进行反共、反人民活动,军政开支迅速增大,预算赤字庞大,因而1940年后物价上涨倍数便超过和大大超过货币增发倍数,国民党统治区的货币流通便进入了恶性通货膨胀阶段。1940年12月法币的发行额增至5.58倍,而重庆的物价则上涨了10.94倍,此后年复一年地严重起来。国民党政府为了更方便地增发纸币,从1942年7月1日起,把法币的发行统由中央银行集中办理。这样,到抗日战争胜利时,法币的发行额便达到5 569亿元,即约增发到400倍,而同期重庆的物价则上涨约1 800倍。

在各沦陷区,广大人民群众在日伪的统治下,也忍受着纸币通货膨胀的痛苦。最早处于日军铁蹄下的我国东北地区,到日伪垮台时,伪币发行额,从1932年6月伪满中央银行开业时的1.5亿元,增至1945年7月的80余亿元,而1945年7月时,市场商品暗中交易的价格,有的达到公定价格的3 000倍。在祖国的宝岛台湾,日本帝国主义在抗日战争时期也实行通货膨胀,1937年7月—1945年7月台湾银行券的发行额从7 500万元增至14亿元,到1945年10月中国正式接管时,又突增至28.98亿元,台北市的物价在八年间上涨了23倍。日本帝国主义在华北沦陷区，在"七七事变"后的翌年，1938年3月成立了伪中国联合准备银行，发行伪联银券，流通于河北、山西、山东、河南四省，直到1945年10月被接收时，伪联银券的发行额从20 712 000元增至195 102 897 116元。在察哈尔、绥远及内蒙古一带，流通日伪设立的蒙疆银行发行的蒙疆券，该伪行的纸币发行额，截至抗日战争胜利时为3 529 218 710元。在华中地区，南京汪精卫汉奸政府1941年1月设立的伪中央储备银行发行的伪中储券，流通于江苏、浙江、安徽等省及上海市，截至1945年8月15日日本投降，伪中储券的发行额从1941年1月的13 719 010元增至4 661 847 351 800元，实际流通数尚超过此数，而物价指数，1945年8月比太平洋战争爆发后的1942年1月上升5 000多倍。除此，日本帝国主义占领军还发行过大量的军用券。因此，在全面抗战期间，沦陷区人民既受国民党法币的通币膨胀的剥削，又受到敌伪纸币的通货膨胀的剥削。

1945年"八一五"抗战胜利，法币的恶性通货膨胀，非但没有遏止或缓和下来，反而由于国民党反动政府随即发动了反共、反人民的内战，致使恶性通货膨胀加剧而进入崩溃阶段。

抗战刚一胜利，国民党政府立即利用收兑伪币，对沦陷区人民进行了一次洗劫，除了发行国民党政权的东北流通券及台湾流通券，对伪满中央银行券及台湾银行券，按照1∶1的比值予以收兑外，对于伪联银券和伪中储券则有意地实行贬值兑换。当时，国民党政府接管了伪联银券准备生金5 074 687.89公分，纯银71 534.92公分，杂银3 112 141.22公分，银元15 399 719元，银辅币94 907角；伪中储券准备黄金50万两，白银763万两，银元37

万枚。根据伪纸币的发行准备状况,参照法币和伪币的物价比值,收兑比值理应可以定高一些,但是,国民党政府所规定的收兑比值却是伪联银券5元兑换法币1元,伪中储券200元兑换法币1元,这对沦陷区人民持有的财富,事实上是一次公开掠夺。

借助伪币收兑这种几近于没收的、对沦陷区人民财富的掠夺,使得国内物价一度回落,上海的物价从原来的86 400倍,受到伪中储券低估的影响,在9月份便骤降到只有战前的345.99倍了,与当时法币发行指数478倍相比还低了许多。后方重庆等地的物价也猛然下降,人为地促成工业危机,使许多工厂停业减产,金融业中发生了信用紧缩的现象。然而战后的物价下降为时甚短,在反动政府积极准备大规模发动内战,而继续滥发纸币的情形下,上海的物价又迅速上涨,到1945年11月就超过了法币发行增长的速度,到1946年2月,物价已暴涨至1 860倍,大大超过了法币发行增长864倍的速度,国民党统治区的恶性通货膨胀明显地更为加剧了。

在全面抗战期间,国民党政府消极抗日、积极反共,从1938年10月武汉失守以后,长时期前方战场实际没有发生严重的战争,而中国共产党领导下的解放区军民,则担负着抗击侵华日军的64%和抗击伪军95%的任务。在此期间,国民党反动政府庞大的军政开支,及由此带来的巨大财政赤字,都主要利用通货膨胀、滥发纸币来弥补,而打着抗日旗号所获得的外援,其相当部分都以黄金和外汇的形式,一直控制在反动政府手中。抗战胜利后,约有黄金600万盎司、9亿美元,加上独吞接收的敌伪财产,还有美帝国主义通过联合国救济总署和处理美军剩余物资名义给予的20亿美元的物资,因而抗战胜利,蒋介石从峨眉山下来,便以为可以有恃无恐地发动反共反人民的内战了。然而战争的胜负是由亿万民心的向背决定的，因此蒋介石反动政府于1946年7月悍然发动全国规模的反革命战争以后，它的末日也就到了。

抗战胜利后，国民党政府继续滥发纸币的同时，于1946年3月4日起，开放外汇市场，把外汇汇率由1美元合法币20元，改为1美元合法币2 020元①，并自3月8日起，开始抛售黄金。但是，纸币发行漏卮难满，外汇、黄金消耗得很快，到1946年11月就消耗了外汇45 500万美元，黄金则自1946年3月到1947年2月十一个月就抛售了350万两，自此，反动政府便不敢放手抛售了，而对外汇实行限制供应。这样一来，黄金、外汇黑市价格的上涨就开始加速，美钞1946年8月为2 909元，1947年2月则为12 657元，上涨了3倍多；黄金同期由203万元涨至611万元，上涨2倍左右，开始追上了物价上涨的速度。就在财政经济危机与军事政治危机交织之下，法币的万元大钞开始出笼，并在1947年2月10日爆发了所谓的"黄金潮"。这时，黄金每两市价由近600万元跳到960万元，一天涨了几百万元，带动上海的白米也由每担10万元涨到16万元。

以"黄金潮"为标志，国民党法币通货膨胀进入了崩溃阶段；1947年7月，中国人民解放军从战略防御转为战略进攻，国统区内人民反饥饿反内战运动高涨，国民党法币的通货膨胀的速度也如脱缰的野马疯狂飞奔，到1948年8月法币正式宣告全部崩溃时，法币的发行额共达663 694.6亿元，1945年8月—1948年8月三年

---

① 1946年3月4日改定外汇法价为1美元合法币2 020元以后，同年8月19日又把法定汇价贬至3 350元。

间，法币发行额总计增长了 1191.7 倍，而全面抗日战争八年间发行的增长是 394.8 倍；这时法币发行额与战前比较，已增长了 470 705.39 倍，而物价则上涨了 4 927 000 倍，法币实际上已等于废纸了。

1948 年 8 月 19 日，国民党政府又实行了"金圆券"的币制改革，这是对人民财富又一次公开掠夺的大骗局。"金圆券"与"法币"在本质上并无区别，这一改革是法币通货膨胀更大规模的继续。

所谓"金圆券"的币制改革，及其有关措施的内容，可概括如下：（一）金圆每元之法定含量为纯金 0.22217 公分，由中央银行发行 1 元、5 元、10 元、50 元、100 元五种面额的金圆券。（二）按 1∶300 万比率收兑法币，收兑后法币停止流通。（三）私人不能持有黄金及外汇，限期收兑黄金、白银、银币和外国币券，并登记人民存放国外的外汇资产。（四）金圆券之发行采取十足准备制，发行准备必须有 40% 为黄金、白银及外汇，发行额以 20 亿元为限。（五）物价冻结于 1948 年 8 月 19 日的水平。

金圆券发行办法规定所有以前发行的法币，以 300 万元折合 1 元，实质上就是废弃法币，而一张 100 元面额的金圆券，就可等于 3 亿元的法币。这样，纸币的最大面额就由原来的法币 500 万元币券，一跃而为 3 亿元了。

发行金圆券更重要的目的，是凭恃武力掠夺金、银、外汇，国民党政府的法令规定，不在限期内兑换或存储者，"其黄金、白银、银币及外国债券一律没收"，外汇资产不登记者，"处七年以下有期徒刑"。靠着这种军事强权，金圆券改革后，自 1948 年 8

月23日起，截至10月底，据国民党政府有关部门的档案材料，全国被掠夺的金、银、外汇数字为：黄金1 654 970.190两，白银9 038 535.166两，银元23 546 860.29元，以及数千万元美钞，合计共约值2亿美元。

国民党政府宣布金圆券改革后，已值人民解放战争进入战略决战时期，辽沈战役和淮海战役旋即胜利进行，国民党政权已摇摇欲坠，因而金圆券的发行迅速增加，不足三月，就由8月20日的2亿元，增加到11月9日的19亿元。在国民党政府的限价政策下，1948年10月2日上海首先发生了抢购风潮，市民见物即买，尽量将金圆券花去，深恐一夜之间币值大跌致受损失，这个抢购风潮迅速蔓延到天津、武汉、南昌、福州、昆明、兰州等地。当时报载：上海的一些大商店，"开门后潮涌而入，满架货物，顷刻搬空"；天津"百分之九十九的货架都空空如也"。后来，又发展为全国规模的抢米风潮，"上海抢米风潮，一天达二十七处之多"。黄金、美钞的黑市也复活了，而且迅速上涨，10月13日美钞涨至金圆券11元（官价4元）、黄金每两390元（官价200元）。

在这一经济和币制崩溃的危机局面下，国民党政府急忙于11月1日宣布撤销限价，改限价为"议价"，11月12日宣布修正金圆券发行办法及金、银、外币处理办法，将金圆券的含金量降至4.4434公毫，允许人民持有金、银、外币，即公开宣布"金圆券"贬值80%，与此相应，原来200元一两的黄金，一下提高至1 000元；白银每两兑换15元，银元每元兑换10元，美钞每元兑换20元。同时，也宣布撤销了金圆券的发行限额。

解除物价冻结以后，压抑了七十余天的物价立即飞腾，如上海白米每石限价为 23 元，11 月 1 日升到 80 元，到 12 月便涨至 1 800 元。

金圆券 20 亿元发行限额正式宣布撤除以后，11 月当月即增为 33.94 亿元，12 月为 83.20 亿元，进入 1949 年后，更加疯狂增加，3 月份发行金圆券五千元及万元大钞，4 月份再发行五万元券和十万元券，5 月份再发行五十万元券和一百万元券（亦即是法币 3 万亿元券），中央银行还印就了五百万元券，但来不及发行上海就解放了。而这时的物价，已不是几日一个大涨风，而是一日数次大涨风。上海有一个商店，就曾一日改换了 16 次商品标价；城市中市场的买卖，已都是以黄金、美钞或银元标价，农村中则盛行物物交易。这样，到 1949 年 5 月上海解放时，据截获的金圆券发行统计数字为 67 945 959 594 254 元，即 67 万余亿元，折合法币，则为 203 837 400 000 000 000 000 元，即 203 837 400 万亿元。

总括国民党统治下十二年通货膨胀过程，1937 年 6 月—1945 年 8 月法币发行增长了 470 705 倍，同期上海的物价上涨了 4 927 000 倍；1948 年 8 月—1949 年 5 月，金圆券的发行增长了 307 124.3 倍，同期上海物价上涨了 6 441 361.5 倍；而总计 1937 年 6 月—1949 年 5 月，国民党纸币发行增加了 144 565 914.9 倍，同期上海物价则上涨了 36 807 692 307 691.3 倍，如果按粮食价格计，则上涨了 47 601 809 864 252 倍；以每石米 320 万粒计，则购买一粒米就要金圆券 130 余元，战前法币 100 元，这时只值一粒米的 2.45‰ 了。十二年中，国民党的法币、金圆券的贬值，使全国人民所遭受的财富损失估计总共达 150 亿银元以上，它对经济和人民生活的祸害惨烈程度，在世界通货膨胀史上是罕见的。

国民党政府逃到广州后,还曾发行了"银元券",但这已是延续十二年的通货膨胀的尾声了,据1949年7月4日所公布的《银元及银元兑换券发行办法》规定,"国币"以银元为单位,含纯银23.493848公分。广州自7月4日、重庆自7月8日发行银元券。但是,银元券发行一开始就受到人民的抵制,人民解放军也及时宣布不收兑华南、西南伪币的声明,有力地推动各地人民拒绝使用银元券的行动。这种银元券实际流通的范围及影响,仅限于一隅,而且为时甚短,而不旋踵间,便随着国民党政权在大陆统治的瓦解,而最后结束了噩梦般的通货膨胀的罪恶历史。

第二节
恶性通货膨胀对各阶级的影响

通货膨胀不仅是国民党反动政府筹措内战经费的手段，而且也是以四大家族为首的官僚资产阶级，借助国民收入再分配搜刮和集中全国财富的重要工具。

国民党政权通过信用膨胀、供给外汇等手段资助官僚资本，使官僚资本工业在新式工业资本总额的比重，由1935年的11%，迅速上升到1943年的69%，抗战胜利后由于对敌伪产业的接收，到1946年官僚资本主义工业的比重，更上升到80%以上。

四大家族官僚买办资本集团，亦官亦商，利用"经济管制""专卖"等方便条件，集中大量商品贱买贵卖，囤积居奇、哄抬物价，制造黑市，攫取巨额非法商业利润，而且利用政治特权地位，积极进行和操纵外汇、黄金投机。

在抗战时期，国民党政府1939年3月靠英国贷款发行1 000万英镑的外汇平准基金，1941年4月又由美、英借款发行11 000万美元的中英美平准基金，四大家族便利用统治外汇和在黑市无限制出售外汇之机，抢购外汇，进行投机活动，并把财富变成美元、英镑转移到纽约、伦敦；太平洋战争爆发后，国民党反动政权完全投靠美帝国主义，美国给予反动政府大量贷款，1942年2月一次即达5亿美元，法币外汇汇率的挂牌亦随之以美元为准，官僚资本企业便长时期以20元法币合1美元的低价，获取官价外汇。抗战胜利后，1946年8月，国民党政府重新开放外汇市场，并改定外汇汇率为法币2020元合1美元，这一汇率远远低于当时的物价，于是四大家族集团便又趁机抢购廉价外汇。据国民党反动集团间内部矛盾相互揭露的数字，单是宋家的孚中公司和孔家的扬子公司就在开放外汇市场的短短一年间，分别从中央银行"申请"到外汇153万美元和180万美元。

黄金这一通货膨胀过程中，带头领导物价上涨的金融性商品，更是四大家族集团攫取与投机的对象。抗战后期，国民党政府以所谓"黄金政策"为掩盖，进行通货膨胀政策，于是"黄金案"也就层出不穷；如1945年3月29日，黄金价格由每两22 000元涨至35 000元，而3月26日这天售出的黄金就特别多，黄金存款一共卖出34 000两，比平日多卖出10 000余两。抗日战争战后，1947年2月的大黄金案，国民党政权的监察院也不得不指出宋子文等与同丰余金号串通舞弊，而促使当时的"金价变动"，即1947年的黄金潮。四大家族就是这样进行外汇、黄金投机的，往往几小时之内就攫取了巨大的投机利润。在整个国民党统治时期，四大家族通过亦官亦商、假公济私、化公为私等方式搜刮的财富，据估计，包括

第八章
国民党统治区的恶性通货膨胀

它们在国内的财产及国外的存款和产业，总数不下黄金 5 亿两。

民族资产阶级在通货膨胀过程中，也分沾了一些利益。由于工人、职员的实际工资的下降，资本的剥削程度相对提高，尤其是他们可以通过各种方式抢购和囤积实物而避免货币贬值的损失，一些工业资本家，如申新九厂 1937—1941 年的账面盈利就达 4 310 万元，上海南洋烟草公司 1935 年的纯利润为 60 万元，通货膨胀后盈利则逐年增加，1940 年达 509 万元，都超过了同期物价上涨的指数。商业资本家，如上海的棉布店，这一行业在抗战胜利时，因敌伪搜购，各店存货已所余无几，而战后两年多的时间，由于加紧囤积、抬高售价等方法，1948 年 8 月法币崩溃时，棉布存货已达 400 万匹，即使有部分存货系战时所隐匿的，但估计其中的 70%，即至少约 300 万匹是在通货膨胀中所获的商业暴利积累起来的。当然，民族工商业也遭受官僚买办资本的压迫和排挤，在原料、商品、信贷资金供应各方面都受到歧视待遇，尤其是金圆券改革时，强迫按"限价"出售物资曾受到重大损失。所以，民族资产阶级与帝国主义、官僚资本主义间也是有矛盾的，其有时也是受害者。

工人、职员、知识分子等固定工资收入者，都是通货膨胀的直接受害者，尤其是广大的工人更深受其害。如 1943 年前后，重庆工人的实际工资，只及战前的 69%，非工人的实际工资亦降为战前的 74%。天津启新水泥公司工人的实际工资，如以 1936 年 7 月—1937 年 6 月为 100%，到 1946 年 4 月已降为 26.4%，1948 年 4 月降为 17.1%，同年 9 月更降为 14.7%。上海永安纱厂工人，平均每人每月货币工资收入可购米数，1936 年为 1.48 石，1939 年降为 1.05 石，1949 年仅为 0.32 石，已只能喝口粥汤，根本无法养家糊口。

在最后金圆券临近崩溃时，物价一日数涨，如上海一位烟厂工人的情况，月头算好领来工资可买 5 斗米，领到工资后如立即买米还可买二三斗，如当日放工出来米店已关门，隔日再去就只能买 1 斗米了。至于大批失业工人的境遇，那就更悲惨了，1946 年下半年仅上海、南京、北平三地失业和无业人数即达 260 万人，而法币进入崩溃阶段的 1947 年 4 月的 23 天中，上海倒毙路旁的尸体就有 2 500 多具。

知识分子在长时期的通货膨胀过程中，生活发生了巨大变化，生活水平大幅度下降，甚至接近赤贫化。如抗日战争以前，保持较高生活水平的教育工作者，在全面抗战中昆明的大学教授的工资实值就下降到 3% 左右，一些有名的教授和学者，也要靠诸如业余教书、为人书画、刻图章等，取得辅助收入以维持生活。

广大农民也是通货膨胀的重大受害者。他们在物价上涨，工农业产品交换价格的剪刀差扩大中，遭受了巨大的损失，如 1945 年 4 月工农业产品指数与抗日战争战前比较，就扯开达 4.91 倍，而且出售农产品时所得到的，又都是贬值的纸币，因而损失就更多了。尤其是通货膨胀下国民党政府对农民实行"三征"，即征实、征购、征借，而地主、高利贷者又加重了对农民的押租、实物地租、实物或实物计算的高利盘剥，这些残酷的榨取和剥削，更把农民推向饥饿和死亡的绝路，1947 年全国各地的饥民就达 1 亿人以上；广大劳动群众挣扎在死亡线上，饿殍当道，饥民遍野，就是国民党统治区恶性通货膨胀、国民经济陷于崩溃的一幅悲惨写照。

第九章
四大家族官僚资本主义的金融垄断

第九章
四大家族官僚资本主义的金融垄断

第 一 节
四大家族官僚资本主义金融垄断体系的形成

1927年"四一二"国民党反动派叛变革命建立南京军事政权后，随即凭借军事政治强力，着手建立官僚资本主义的金融垄断体系。

首先，于1928年11月建立了中央银行，总行设在首都南京，并设分行于全国各地。这个所谓国家银行，它的资本是由国民党政府发行金融公债拨付的，资本总额定为国币2 000万元，1935年4月又将资本总额增为1亿元，成为全国最大的银行。这一银行的建立，是四大家族控制全国金融体系的首要步骤。

其次，控制原北洋军阀政府两大财政金融支柱——中国银行与交通银行，并使其与中央银行成为三位一体的国家银行，则是四大家族控制全国金融体系的另一重要步骤。在中央银行成立以前，中国银行有代理国库及发行兑换券的特权，1927年国民党政府以一纸公债预约券500万元拨充官股,官商合股共计2 500万元,并将总管理处移设上海,改组为政府特许的国际汇兑银行,它受政府的委托,仍代理一部分国库事宜、保有发行钞票的特权和经理政府发行海外公债和政府海外公债收付的事宜,并办理一般银行业务。1935年金融危机时,财政部又以金融公债加入新官股1 500万元,资本总额变为4 000万元,官股商股各占到一半。

交通银行则成为政府特许发展全国实业的银行,总行亦设在上海,资本总额1 000万元,加入官股200万元(实交100万元),它的业务规定为代理公共实业机关发行债票、代理交通事业的公款收入事项,仍代理一部分国库事宜,并得以发行钞票,以及办理一般银行业务等。1935年财政部又拨发金融公债1 000万元,资本总额增为2 000万元,其中官股为1 100万元,占55%。

除此,1933年在反人民的内战战场上,由蒋介石"剿匪司令部"特许,用"禁烟"时公卖鸦片的部分钱财充作资本,成立了豫鄂皖赣四省农民银行,1935年又改称中国农民银行,资本原为500万元,改换名称后扩大为1 000万元,抗战爆发后于1941年又将资本总额扩充为2 000万元。这个银行标榜以融通农业资金、复兴农村经济为目的,实则是为蒋介石筹集"剿共"经费的私人金库;它也发行钞票,1935年冬法币改革后,它的钞票虽然一直未能获得"法币"的正式名义,但也获得财政部明令"与法币同样行使"的权利。

除了这四大银行以外,在1930年与1935年还分别设立了邮政储金汇业局与中央信托局。邮政储金汇业局的主要业务是吸收储蓄、经营居民汇兑。这一事业源于邮局清末旧有的汇票及储金制度，汇票办法开始于 1896 年，到 1929 年，储金局计有 206 所，1935 年改隶邮政总局后，其机构与业务大为扩张，它的金融触角伸展到全国的穷乡僻壤。

中央信托局是国内最大的信托垄断组织，最初由中央银行投资 1 000 万元组成，1941 年资本又增为 5 000 万元，1947 年成为完全独立的金融机构，它主要办理信托、保险、储蓄业务，信托业务包括政府委托的购买事务、财物经理事务、房地产、仓库、码头经营业务等。

四行二局是四大家族官僚资本金融体系的骨干，它们在名义上各有专职，但实际上除去其特权业务外，都争相经营一般商业银行业务，它们挟其政治上的特权地位，排挤民族资本银行，并迅速扩大了自己的实力，到 1936 年，中央、中国、交通、中国农民四大银行，在全国 164 家银行中，实收资本占 42%、资产总额占 59%、存款（不包括储蓄）占 59%、发行钞票占 78%、纯益占 44%，因而在全国金融业中迅速趋于垄断地位。这一垄断形成的过程，不像帝国主义国家那样，是在工业资本积聚和集中的基础上发生的，而是在世界经济危机的袭击下，国内生产萎缩、农村破产的情形下，四大家族利用独占公债发行、实施"法币"政策、运用超经济强制手段，并从商业等投机中发展起来的，是在国际金融资本继续控制中国财政金融命脉的情况下发生的，因而是一种半殖民地半封建社会中的特有现象，带有露骨的封建、买办、法西斯性质。

四大家族并不以掌握四行二局为满足，他们还以增资、补助、救济、改组等名义渗入和控制国内各大商业银行。如采取加入股金、官商合办形式控制了中华信托银行、中国国货银行，1935 年利用中国通商银行、四明银行、中国实业银行发生挤兑危机，国民党政府就借"救济"之名以500万元资金加入三行，这三家银行连同孔祥熙任董事长的中国国货银行，被称为官商合办的"小四行"。广东银行是一家著名的华侨银行，也在1935年因资金周转不灵而被宋子文收买，予以改组吞并。至于江浙财团著名的南三行：浙江兴业、浙江实业、上海银行，他们则利用人事交流、人事改组而予以控制，北四行的金城、大陆等银行，虽然未被直接控制，但在业务上实际也都失去了独立的地位。

就私营银行总的情况看，在1927年国民党政府取代北洋政府统治以后，截至抗日战争时，尤其是1935年金融危机以前，仍然在继续发展。国民党统治以后不久，就发生了1929—1933年的世界经济危机，可是这时中国国内由于农村破产，使得金融枯竭，大量现金集中到沿海城市，尤其是上海，国内物价反而上涨，便使得银行业也有相当发展；1928—1934年间，新成立的银行共111家，多数年份新增银行均在15家以上，而1934年更达22家，1935年为18家，1936年、1937年这两年合计则只有8家。这些银行主要集中在上海、南京、汉口、北平、天津、广州、杭州、重庆、青岛等大都市中，1935年时，这九大都市设立的银行数占银行总数的62%，分支机构占总数的32%。

这一时期，银行的存款普遍增加，而最显著的又是个人存款，即军阀、官僚、地主豪绅把从内地搜刮的现金存到银行中，以金城银行为例，1936年它的存款总额中，个人存款即达65.09%，而公司商号的存款只占15.99%。

至于资金运用，工业放款从来皆只占很小比例，而主要是用于

第九章
四大家族官僚资本主义的金融垄断

公债、地产中，即这一时期银行业的发展，主要是靠公债、地产投机发展起来。国民党政府1927—1931年五年中就发行了105 800万元的公债，而私营银行承购公债，仅以28家不完全的统计，就由1926年年底的9 000余万元增至1931年的23 900万元，分别等于这些银行当时放款余额的11%和15%。地产投机也是银行突出的资金出路之一，在上海地产投机最盛的年代，地产资金在市面上流通的数目竟在10亿元以上，因而许多银行也就有相当多的资金投在地产上，如浙江兴业银行在1931年时，账面上的房地产购入额就有880余万元；许多银行的抵押放款也视租界地产为最可靠的担保，如上海银行联合准备库的财产5 000万元中，房地产就占总额的82.6%；这种热衷于房地产的投机，直到1932年"一·二八"淞沪战役、加之世界经济不景气的影响，使得房地产价格一落千丈，银行业投资地产之风才遏止下来。到1935年金融恐慌时，与地产业联系密切的银行，如明华、美丰、江南、宁波实业等银行，便因之而倒闭。

银行业投资于公债及地产而获得不正常发展，反映着它们的寄生性质，截至抗日战争以前，全国民营银行的数目已达134家。

至于钱庄业，在这一时期，则开始显著衰落。由于农村破产，内地商业凋敝，破坏了钱庄赖以存在和发展的基础，而国民党反动政权在帝国主义的支持下建立以后，帝国主义银行于1927年后便不再接收钱庄的远期庄票，于是沟通中国商人与外国洋行间贸易、为帝国主义收购原料、推销洋货的买办作用，便逐渐为官僚资本银行和一些较大私人资本银行所代替。1933年的"废两改元"，对钱庄业的影响非常突出，钱庄一向操纵的"洋厘""银拆"行市被消除了，长期以来被钱庄垄断的"九八规元"记账单位也随之消灭。1933年，上海成立了银行票据交换所，钱庄掌握本国金融业票据清算的局面也告结束。1935年的白银风潮和"法币"改革，更给予钱庄业以严重打击；钱庄也与银行一样，把大量资金投向于公债和地产，在1927—1935年间，上海钱庄业所认购的国民党政府发行的债券和承借款项共达2 900万元，钱庄因接受押品和自己购买的用于房地产的资金，亦达数千万元；而由于世界经济恐慌蔓延及上海这样的半殖民地半封建的城市，致使地价暴跌，钱庄投向地产的数千万元资金，也就无异于被冻结起来了，这样，在白银风潮的袭击下，物价跌落，市面萧条，工商业大批倒闭，钱庄被客户倒欠的款项也越来越多，于是就终于爆发了1935年的钱庄业大恐慌。1935年春节到端午节间，上海的钱庄接连就倒闭了11家之多，在这一形势下，官僚资本银行便以"救济恐慌"为名，由财政部拨付金融公债2 500万元，并组织上海钱业监理委员会，把整个钱庄业置于自己的控制之下。1935年冬的法币改革，使钱庄赖为命脉的白银又被搜刮净尽；自此以后，钱庄业已完全处于衰落境地，它在中国金融市场中，便不再成为一支重要势力了，从国内钱业势力最大的中心地上海的钱庄的状况看，1927年时共有钱庄85家，以后即逐年减少，白银风潮过后只存46家了，即减少了近一半；从国内其他地区的情形看，据北平、南京、广州、福州、太原五个城市统计，1934—1935年间，钱庄总数从244家减至151家，即一年间减少了1/3多。

第 二 节
官僚资本主义金融垄断的极度发展

抗日战争和解放战争时期，四大家族官僚资本主义的金融垄断获得极度发展。

在抗日战争时期，四大家族官僚资本主义的金融体系，实现了进一步的集中，中央、中国、交通、中国农民四行1937年7月在上海成立了四行联合办事处，1938年跟随国民党政府撤往重庆，1939年10月根据《战时健全中央金融机构办法》正式组织四行联合办事总处，职权包括：掌管全国金融网分布之设计、四行发行准备的审核、四行联合贴放、战时生产事业的联合投资、收兑金银的管理、外汇申请之审核等。为进一步加强这一金融集权组织，由蒋介石自任理事会主席，并规定主席在非常时期，对四行"可为便宜之措施，并代行其职权"，从而蒋介石就从军事、政治的独裁者，进而为金融的公开独裁者，而孔祥熙、宋子文、陈果夫等也都是这一组织的主要集权人物。一直到 1948 年 10 月，这个"四联总处"都是国民党统治区的最高金融机关。

从 1942 年，国民党政府又把货币发行改由中央银行独家统一发行；把代理国库、政府公债的推销及还本付息事宜，以及对私营银行的管理和私营银行的存款准备金，也都集中到中央银行办理；后来，还使中央银行对外汇实行集中管理。这些措施，使得官僚资本国家银行体系的集中与垄断程度越发加强了，并促使它的业务也更为迅速发展，中央、中国、交通、中国农民四大银行在本国银行存款总额（包括储蓄）的比重，1938 年增至 77.7%，1940 年为 84.6%，1943 年则达 90%。

抗战胜利后，四大家族官僚资本主义金融体系通过对日伪金融机构的接收，更集中到惊人的程度。

"九一八"事变后，日本占领东北，并组织伪满洲国傀儡政府后，于 1932 年 6 月成立了伪满中央银行，它的资本最初为 3 000 万元伪币，实缴 750 万元，1943 年又增资到 1 亿元，实缴额增至 2 500 万元。"七七事变"后，日本又在各占领区，通过各汉奸政府成立了银行。1938 年 3 月在华北成立了伪中国联合准备银行，资本为 5 000 万元，半数强迫当地中国、交通银行认购，半数名义上由伪政权担负，实际上则是由日本的横滨正金银行、朝鲜银行及日本兴业银行认缴，即这个伪银行实际上不过是日本帝国主义银行的外围组织而已。除此，1937 年 12 月还在伪蒙疆政府统辖区设立了伪蒙疆银行。在华中地区，1939 年 5 月，伪维新政府设立华兴银行，资本 500 万元，总行设在上海，发行伪"华兴券"代替日本军用票的流通。汪伪南京政府成立后，则于 1941 年 1 月成立了伪中央储备银行，资本1亿元，总行在南京，发行伪"中储券"收回"华兴券"；这个银行的纸币发行权，从1942年5月以后，由上海横滨正金银行直接掌握；所以，这些沦陷区的银行，都是完全殖民地性质的银行。

这些敌伪银行在抗战胜利后，皆为四大家族官僚资本银行所接收，根据四行二局对"劫收"的分工，中央银行接收了朝鲜银行（日）、汪伪中央储备银行、华北伪中国联合准备银行和伪满中央银行，中国银行接收横滨正金银行（日）、德华银行（德），交通银行接收住友银行（日），中国农民银行接收台湾银行（日），中央信托局接收三菱银行（日），邮政储金汇业局接收汪伪的邮政储金汇业局等。

通过这一"劫收"，四大家族官僚资本银行体系更为膨胀，到1946年12月，四行二局的总分支机构共达852处，而其存款占该年本国银行存款的比重则高达91.7%。

1946年1月国民党政府又成立了中央合作金库，据称，以调节合作事业为宗旨，办理各种存款、储蓄、放款及投资，以及信托、仓库、运销等业务，这样，也就完成了四大家族金融垄断的"四行二局一库"的制度。

四大家族官僚资本主义的金融体系，垄断了纸币发行，又集中了庞大的货币资本，在抗日战争及战后的年代中，主要是支持国民党反动政权战时"积极反共，消极抗日"，战后积极进行内战的反人民政策。全面抗战时，国民党政府每年预算的总支出中，军政费用占70%—80%，其赤字也占70%—80%，这些财政赤字都主要靠中央银行的垫款，即靠通货膨胀来解决，抗战时期中央银行垫款在政府开支中的比例，平均为71.7%；解放战争时期的情况更是这样，中央银行垫款在政府开支中的比例，1946年为57%，1947年为67.2%，1948年7月的垫款数额则为2 364 160亿元。

四大家族官僚资本银行，还利用信用膨胀扩大放款。从1939年起，四行二局的放款总额就超过了存款总额，1947年6月它的放款总额高于存款总额46%，而在全部本国银行放款总额中所占的比重则达到93.3%。

官僚垄断资本银行的放款，主要都是贷给官僚垄断资本的工商业，如四联总处对工矿的联合贴放，到1943年3月止的两年放款数额共计25 300余万元，但其中国营事业放款就达18 600万元，民营事业，包括官僚资本中私营名义的企业的放款，仅有6 700万元，即直接用于支持官僚垄断资本企业的，至少在80%以上。又如，1943年放给钢铁业贷款5亿元，但国营资源委员会就分去27 000万元，官僚资本孔祥熙的中国兴业公司独得18 000万元，剩下归民办工厂的只得5 000万元。

四大家族官僚资本银行，还把资金投向农村，1942年7月以后，由中国农民银行专营农业生产贷款投资，办理土地金融业务。专营前的1941年，各行局农贷结余额为46 500余万元，农民银行占22 000余万元，占全国农贷的47%；至1945年，中国农民银行的农贷余额为50亿余元，这些农贷实际都支援了地主豪绅，它们或是通过地主豪绅控制的农业合作社贷放，或是通过"联保主任"贷放，因而也就更加助长了官僚资本主义的统治力量和农村高利贷的气焰。

因此，四大家族控制下的官僚资本主义金融体系，是国民党反动派加强独裁统治，供应反革命军事开支，发展国家垄断资本主义，搜刮财富充实私囊的重要工具。

在抗日战争及战后时期，国民党统治区的私营银行和钱庄，由于通货膨胀而呈现畸形繁荣。这时的私营银行对于钱庄在性质上早已实际无别，钱庄在废两改元、法币改革后，其业务经营上的特点已经消失，只是资本和业务规模较小而已。从法币恶性通货膨胀开始以后，新的银行、钱庄便纷纷设立，原有的大民营银行也纷纷增设机构，1942年新设的银行有56家，增设的银行分支机构448处，共增加了504个机构；重庆一地战前有公私行庄20余家，截至1945年8月，商业银行增加到94家，银钱号也增加到1124家。在日伪统治下的上海，情形也是这样，抗日战争前上海的银行、钱庄、信托公司分别为73家、48家和6家，到抗战结束时，则分别增至195家、226家和20家。胜利以后，国民党政府借机命令上海行庄296家、平津行庄84家停业，可是不久，或新设，或借停业行庄名义恢复，行庄的数量又复大量增加。到1947年6月，在国家行局、省县银行之外，私营银行就有200家、分支机构794处，银钱号995家、分支机构39处，信托公司21家、分支机构7处，私营金融业机构总数已达2 056个。除此，还有一批地下钱庄。

这时期，私营行庄的业务，受通货膨胀、纸币贬值的影响，银行的存、放款利率也随之高涨，并在反动政府核定的利率之外出现了"暗息"，即利率黑市。一般的行庄，都设立"暗账"计算暗息。由于物价上涨迅速，工商业即使按暗息获得放款，用以囤积居奇也仍然有利，因而商业行庄在1939年以后，又开始越过工商业而自营商业，进行商品囤积而牟求高利，所囤积的商品，大抵是可以抵充市场筹码、随时可以抛售或作为抵押的物品，如纱布、食糖、西药、纸张、五金等。1943年以后，则更多地从事倒卖金钞，包括黄金、美钞、港币、外汇、外币证券等，即从按暗息办理存、放款业务，更发展到直接从事商品囤积居奇，以及金、银、外汇的黑市投机。行庄暗账的经营范围，也逐步扩大起来，用当时流行的话来说，就是所谓"工不如商、商不如囤、囤不如金、金不如（外）汇"。据1947年的情况，该年全国行庄年初的存款为法币5 000亿元，到年底存款按旬计算复利、本利和为1.37倍，放款按日计算复利本息为5倍，同期物价上涨13余倍，黄金上涨25.8倍，美钞上涨25.3倍，永安纱厂股票上涨15.4倍，双马棉纱上涨12.3倍，棉布上涨12.4倍；在这种情形下，行庄按低于物价上涨率的存款利率吸收存款，而其资金的运用，按暗息放款，或进行各项商品、金钞投机，一年的收益，折合战前价值可在5 000万元到1亿元之间，即金融业在通货膨胀的情况下，仍能够获取可观的投机利润。

但是在恶性通货膨胀下，商业银行、钱庄的存款实值迅速缩小了，1936年全国行庄存款184 000万元，占全国存款总额的37%，而1947年6月行庄存款额为14 290亿元，按中国经济研究所的上海批发物价指数37 167倍折算，折合3 862万元，则仅及1936年的1.8%。在这些存款中，活期存款占90%，定期存款占10%，即绝大多数都是工商业为付款准备的"过夜"资金。再如，上海解放时，1949年5月23日80家钱庄的存款余额为金圆券4 594.54亿元，当日焓赤（旧上海俗称黄金曰"焓赤"）场外市价每两为金圆券16亿元，折合起来，是日钱庄全部存款仅为黄金287.15两。所

第九章
四大家族官僚资本主义的金融垄断

以,这时私营金融业实际全已失去扶植生产的资金力量与作用。

四大家族官僚资本主义金融体系的形成与金融垄断,并未触犯到帝国主义在华银行的利益,而且毋宁说,它使帝国主义对中国金融及币制的控制,反而更加方便了。因为,这一官僚资本主义金融体系的形成,及对四大家族进行金融垄断具有决定意义步骤的法币制度的建立,本来就是在国际金融资本和外国在华银行支持下,才建立起来的。所以,国民党反动政府成立以后,外国在华银行势力仍迅速增长,帝国主义各国在华的金融投资,1914年才占在华投资总额的0.4%,而1931年就增至6.6%,及至1936年便已迅速增至24.9%,金融投资数额达到美元25 400万元,并跃居各业投资的首位。从外国在华银行的实力看,截至抗日战争前,仍然以英籍银行居首位,美籍银行次之,日籍银行则居第三位,虽然它的家数最多。

经过抗日战争,情况发生很大变化,1941年太平洋战争爆发后,日本以武力威胁,将英、美、荷、比四国的15家银行,分别由横滨正金、台湾、三井、三菱、住友等日本银行接管,并劫持了它们的财产,而只余下德华、东方汇理、中法工商等四五家外籍银行继续营业。英、美银行,只是1942年后,汇丰、麦加利和花旗银行经国民党政府同意,迁往重庆设立分行,恢复营业。

抗战胜利后,这时的中国市场已形成美国资本独占的局面,因而战前美国的花旗、大通、运通、友邦四家银行皆在上海全部复业,而且后来还增加了一家美洲银行;为日本接管的各外籍银行也多复业,但战前英国的6家银行,则只有汇丰、麦加利、有利三家恢复营业;而日籍各银行和德华银行,则为中国所接管。

美国的在华银行，最具有垄断性的是大通、花旗、美洲三家银行，大量的"美援"金融业务，主要是结算和汇兑业务都为大通银行和花旗银行独占，巨额美援和贷款在未用前皆以1.75%的低息存于美商银行，因而就大大加强了它们的营运资金力量。它们还曾代表美国政府收购蒋介石政府出售的18 700万盎司的巨额白银，并提供白银抵押放款；蒋介石政府向美国所购到的巨额黄金也由大通银行保存，直到1948年8月蒋政权已岌岌可危，但仍有上万两黄金和46万盎司的白银寄存在伦敦和纽约的大通银行中。至于对外汇兑，由于对外贸易绝大部分都是对美贸易，因而美商银行进行中美间的国际汇兑业务比其他银行也获有更多的便利条件。至于外汇行市，包括"合法的"外汇汇率或外汇的"自由价格"，即黑市外汇汇率，则实际一直是由花旗银行伙同英商汇丰银行所裁定。抗战胜利后，随美军大批来华，由上海、青岛等地流入的美钞达6 000万—10 000万元，这加强了美籍银行操纵外汇黑市汇率的力量。

所以，外国在华银行始终是积极执行帝国主义经济、政治侵略使命的工具，而美帝国主义在华银行的侵略作用，则在于和四大家族官僚资本银行紧密勾结，配合美援物资的输入和商品倾销而垄断金融业务，以达到全面控制蒋管区经济的目的。但是，尽管如此，由于中国人民解放战争形势的迅速胜利发展，国民党纸币的急骤贬值，因而外商银行的活动范围和实际利润收入也大为减少，它们的势力也随之趋于衰落，最后随蒋政权的瓦解，则终于全部结束了旧中国时代百年来的外国金融统治势力。

第 三 节
国民党政府统治时期的国债

国民党政府统治时期的国债，也是四大家族官僚资本主义进行金融垄断、筹措军费、掠夺财富的重要工具。

四大家族是依靠内战起家的，所以国民党政府的预算中，军费始终占主要地位，而且是不断增长的。仅据公开的数字，1928年度军费为21 000万元，而到1934年，已增为44 000万元，即增加了一倍以上，至于秘密的军事费用支出，还不包括在内。为了筹措日益庞大的军事费用，国民党政府不但利用增加赋税的办法，而且也用举债的办法，既借内债，也借外债。

以内债来看，四大家族统治时期公债发行的速度，远非过去北洋军阀时代所可比，北洋政府1912—1926年所发行的公债为61 200万元，而国民党南京政府于1927—1937十年间发行的公债就在26亿元以上，即约为北洋军阀政府十五年内债的4倍。在这些公债中，用在军政费用上的占 80% 以上，绝大部分都用于军事支出，除此，与金融事业有关的约占 15%，主要是用于充实和扩大四大家族官僚资本的金融势力，至于与经济建设事业有关的则甚微，连同救灾而发行的，二者合计尚不足 5%。

在抗战和战后时期，国民党继续发行大量公债，总计自 1937 年"七七事变"起，到 1945 年"八一五"抗战胜利时止，八年之内国民党政府发行了法币、关金、英金、美元及麦、谷等二十余种公债，总计发行额是：法币 151.92 亿元（实发额 147.51 亿元），关金 1 亿单位（实发额 9 900 万单位），英金 2 000 万镑（实发额 1 890 万英镑），美元 21 000 万元（实发额 20 394 万美元），麦、谷、粮食 7 584 万市石。法币公债中，除 1937 年的"救国公债"曾在民间公开劝募以外，其余历次的法币公债，大多连公债票都没有印发，仅以总预约券方式向银行抵押，再由银行垫款给财政部。外币公债是用英镑、美元、外汇和外国证券来购买的，主要是用所借来的外债为担保，印成债券在国内和国外劝募，以搜刮民间及华侨资金。至于从 1941 年发行的以麦、谷为本位的粮食库券，形式上是向地主征借，实际上则完全转嫁到贫雇农和中农身上，与田赋征实一样，是对农民最残酷的掠夺。

由于通货膨胀的恶性发展，法币急骤贬值，因而发行法币公债已无任何意义，所以战后时期，国民党政府只是以美元、黄金等为本位发行公债，但是由于反动政府早已失去人民的信任，因而所发公债也就甚少有人认购了，如国民党政府 1948 年给美国的备忘录就说："去年（1947 年）两度发行国内美元公债、库券，法定总额 4 亿美元，但九个月时间认购为 5 600 万美元"；至于法币完全崩溃

第九章
四大家族官僚资本主义的金融垄断

后以金圆券为单位的"民三十七整理公债"和以黄金、美元为本位的"民三十八黄金短期公债""民三十八整理美元公债",那就更无人认购了。

国民党反动政府发行公债,在抗日战争前的1936年,其债务收入占支出的34.2%,而抗战胜利后的1945年,则已降为0.4%,1946年为0.1%,1947年为3%。

在抗日战争以前,国民党政府曾两次债信破产,对所发公债赖账,即对旧有债券进行改订利率和实行延长还本付息,并改发新债券(1932年调换新券,1936年换偿"统一公债")。抗战胜利后,截至1946年,国民党政府结欠的法币公债为95.58亿元,在国统区物价已上涨若干万倍的情况下,反动政府却又居然讲究债信,"顾念持票人权益",决定自1947年7月起,对各项内债普遍恢复偿付,可是这时对债券偿付的本息,往往还不够一个人到银行去的电车票价,因而这是对公债持有人,特别是对收复区人民的一次最公开的无耻掠夺。

由公债所动员起来的巨额款项,被国民党政府拿去进行内战和巩固其反动统治,而且也成为四大家族集团发财致富的工具。

公债发行主要是由银行承购,而四大家族为主体的"四行"又是这种公债利益的垄断者。银行承销公债的折扣一般是五六折,票面利息为六厘至八厘不等,而还本付息,则按十足计算,因而承购人通过公债的经销,即可获得惊人的暴利。

由公债所动员起来的大量款项,被用去购买军火,而四大家族又是最大的军火商,如中央信托局和四大家族所有的一些经营外贸业务的私家公司,就都经营军火进口业务,而买卖军火的折扣向来很大，有时竟高达40%，因而它们进口军火通过"折扣""回佣"，便可获得巨额的买办利润。

公债的投机活动，也是四大家族巨额利润的来源，他们都是当权者和政策决定人，拥有雄厚的资金，还可凭借特权从"国家银行"无限制地调动头寸，而且又可以制造谣言在公债市场上掀起风潮；在公债市场上，四大家族是稳操胜券的投机家，往往一收一放，一夜之间就可攫取数以千万计的投机利润。

发行公债通常都是用关税、盐税等作担保的，这些赋税归根结底来自人民，所以公债发行越多，赋税就越增，人民的财政负担也越重。不但如此，公债的发行还成为实行通货膨胀的手段，抗战时期，大多数公债都是由国民党政府以总预约券的方式交给四行，并成为发行钞票的保证，然后由四行发出钞票垫款给国民党政府，这样，人民不但被四大家族用纸币将财富毫无代价地夺去，而且以后还要担负公债还本付息的重担。

经理外债是四大家族发财致富的又一途径。四大家族靠经办外债而取得借款的买办利益，同时，由举借外债而取得的外汇，又成为四大家族发财的捷径之一，比如一部分外汇就落入四大家族手中，成为他们在国外的存款，一部分则用来购买军火，从中获得军火购买的利益等。

国民党政府的外债，是帝国主义用以支持四大家族统治、镇压中国人民革命运动的工具。早在1933年，美国的棉、麦贷款和《中美航空密约》购买飞机的贷款，就曾对支持国民党的反革命内战起了很大作用。抗战与战后时期，美帝国主义对国民党政府的支持，不但给予巨额贷款，而且给予其各种"援助"，其中主要是军事援助。四大家族就是在这种资金的支持下，悍然发动了反人民的内战。

外债和所谓"援助"是帝国主义掠夺中国人民和攫取对中国统治权的工具。

帝国主义国家利用外债来剥削和奴役中国人民，并借以攫取各种权利，从清朝政府时代就已开始了。但是，对中国主权最大的拍卖，还是从四大家族国民党独裁政府开始的。四大家族为取得美帝国主义的援助，来维持他们的反动统治和经济独占，不惜出卖整个国家和民族。

自1945年年底美国给蒋政权7亿多美元的"防务援助"以后，蒋政权与美国就签订了一连串的卖身契约，比如1945年年底达成了《美国在华空中摄影协议》，允许美国飞机在我国领土作照相飞行；1946年9月为了取得8亿美元的美军剩余物资，签订了《中美三十年船坞秘密协定》，允许美国军舰自由使用中国各港口，此外，还有一些出卖铁路修筑权的协定，等等。

但这一切还不够，蒋政权为了取得美国主子的全力支持，在1946年11月4日签订了全面出卖国家主权的《中美友好通商航海条约》，这个条约的内容，用蒋政权官方的话来说，就是"中国全部领土、全部事业一律对美国开放"，而根据条约规定，美国人在中国的经济利益与中国人无异，美国人可以在中国居住、购买土地、房屋及一切财产；美国向中国输入商品，征税与中国人相同，凡中国开放的港口美船皆可通行，并可沿途起卸货物；等等。按照这个条约规定，中国人似乎也可以在美国享受同等权利，但就连蒋政权的一些官员，也承认那不过是纸上具文。在这个全面出卖祖国的条约以后，又补充了一些军事、政治、经济等条约，如允许美国飞机在中国各地作军事性飞行的《中美航空协定》、允许美国使用青岛军事基地的《青岛海军基地秘密协定》、允许美军长期驻留中国的《美军驻华美蒋秘密协定》、出卖海军主权的《中美海军协定》，以及使美帝国主义控制蒋政权财经行政部门权力的《关于美国救济援助中国人民之协定》、攫取对中国金融的监督权和全面掠取中国物资资源特权的《中美关于经济援助之协定》等。

以上就是蒋介石反动政府为了取得"美援"以进行反人民内战，而拍卖国家主权的一个远不完备的账单。

从上述这一时期的对外金融关系中，可以很清楚地看出，帝国主义对华的侵略是空前的，媚外的蒋政权对祖国主权的拍卖也是空前的。但是，美帝国主义60亿美元的贷款和"援助"挽救不了蒋政权覆灭的命运，历史已经表明，中国人民有力量结束这种情况，并建立起独立、自主和富强的社会主义国家。

第十章

革命根据地的货币与金融

第十章
革命根据地的货币与金融

第一节
革命根据地货币信用体系的建立及其意义

1927年蒋介石叛变革命,建立起国民党新军阀的统治之后,革命势力在共产党的领导下从城市转向农村,并在农村建立了革命根据地和红色政权。这样,在国内就出现了革命与反革命两个政权对峙的局面。

革命力量深入农村,和农民结成巩固的革命联盟,在农村中建立起革命根据地,借以抵抗敌人的进攻和发展革命力量,由农村包围城市并最后夺取城市,这是由毛主席所指出的中国革命唯一正确的道路。因此,为了取得革命的胜利,就必须尽一切力量巩固农村革命根据地,而为了巩固根据地和支援战争,就必须进行经济建设工作和开展对敌的经济斗争。

关于在革命根据地开展经济建设的意义,毛主席曾经指出:"革命战争的激烈发展,要求我们动员群众,立即开展经济战线上的运动，进行各项必要和可能的经济建设事业。为什么？现在我们的一切工作，都应当为着革命战争的胜利，首先是粉碎敌人第五次'围剿'的战争的彻底胜利；为着争取物质上的条件去保障红军的给养和供给；为着改善人民群众的生活，由此更加激发人民群众参加革命战争的积极性；为着在经济战线上把广大人民群众组织起来，并且教育他们，使战争得着新的群众力量；为着从经济建设去巩固工人和农民的联盟，去巩固工农民主专政，去加强无产阶级的领导。为着这一切，就需要进行经济方面的建设工作。"①

在根据地的经济建设和对敌经济斗争中，建立独立自主的货币信用体系是非常重要的一环。因为只有如此才能掌握货币信用杠杆，才能利用它为革命事业服务。

革命根据地的货币信用体系的建立早在第二次国内革命战争时期就已开始。

1931年11月7日中央工农民主政府在中央苏区成立后就设立了中华苏维埃共和国国家银行，并且发行了自己的货币。国家银行发行的除有一元、五角、二角、一角、五分等各种面额的钞票外，还铸造过银币和铜币。当时所发行的钞票是和银元兑现的。那时在国内还是银元流通，根据地的人民也长期习惯于银元流通，因而发行兑现的钞票，并用银元兑现来维持币值的稳定，是容易为群众所接受的。

除中央苏区外，各根据地还建立自己的银行，并发行货币。如在闽西区有闽西工农银行，鄂豫皖根据地有鄂豫皖特区苏维埃银行等。

---

① 《毛泽东选集》(四卷合订本)，人民出版社1966年版，第113页。

第十章
革命根据地的货币与金融

1934年10月红军撤离苏区革命根据地并开始二万五千里长征后,国家银行随工农民主政府北迁,革命根据地的货币信用体系也被国民党反动派所摧残。1935年10月中央红军到达陕北后,成立了国家银行西北分行。1937年改组为陕甘宁边区银行。

1937年抗日战争爆发以后,一方面国民党军队节节败退,大片国土沦于敌手,而在另一方面,在共产党的领导下,八路军和新四军则挺进敌后,展开规模宏大的游击战,开辟了许多敌后抗日根据地,并建立了抗日根据地的民主政府。

当时各敌后根据地也都设有自己的银行。到1940年,除陕甘宁边区银行外,各根据地建立的银行主要有晋察冀边区的晋察冀边区银行、晋冀鲁豫解放区的冀南银行、晋绥边区的西北农民银行、山东根据地的北海银行等,华中敌后根据地当时划分为八大战略区,各区也都有自己的银行。这些银行都发行自己的货币。

在抗日战争末期,有些地区已开始将分散的地方性银行集中为统一的大区域性银行,如华中区六个地方性银行组成华中银行,晋冀鲁豫区内的鲁西银行并入冀南银行等。

在抗战胜利后,随着革命战争形势的发展,又成立了一些新的银行,如内蒙古自治区的内蒙古人民银行、东北解放区的东北银行、旅大地区的关东银行、中原区的中州农民银行、冀察热辽区的长城银行等。华南地区则成立了裕民行和新陆行,它们在名义上虽不是银行,但实际执行银行职能。这些银行也都发行自己的货币。

从上面的叙述中可以看出,革命根据地的货币信用体系是分散的,各个根据地都有其自己的银行并发行自己的货币。在当时的情况下,建立统一的货币信用体系不仅是不可能的,而且是不必要的。因为当时各根据地是处在敌人的包围和封锁之中,各根据地之间在经济上很少甚至没有联系。各根据地都实行统筹自给、自力更生的方针,也不要求在货币信用体系上统一。相反,这种分散的货币信用体系反而有利于对敌斗争,比如当一个地区暂时被敌人侵占时,敌人就不能用在这个地区所夺取的货币到其他地区去套取物资。

革命根据地的货币信用体系虽然是分散建立的,但是它们在政策上还是统一的,各根据地都执行党的统一的货币信用政策。

革命根据地的独立自主的货币信用体系在促进革命事业的胜利发展中曾起了巨大的作用。

根据地货币信用体系的建立和对敌的金融斗争,保护了根据地经济的独立自主,使根据地的经济不受敌区经济波动的影响,使敌人不可能利用它们的货币来掠夺根据地人民的财富。反之,通过对敌的金融斗争,各根据地还可以打击敌币并配合贸易斗争,争取物资,这就为发展根据地的经济提供了必要的前提。根据地货币信用体系对生产的直接支持的意义也是非常重大的。根据地的银行发放了大量农业贷款,这对维持农民特别是贫农进行简单再生产,并从而对巩固工农联盟和提高农民革命的热情有显著的作用。根据地的银行也大力地支持了革命政权所控制的商业,帮助这些商业部门进行稳定市场和调节军需民用的活动。最后,也是非常重要的,就是通过银行的货币发行,动员了大量物资,直接支援了财政,保证了革命军队的供应。

第 二 节
革命根据地的货币发行与对敌货币斗争

革命根据地的货币发行都是由革命政权的银行所垄断。在根据地内不准许敌伪币和外币流通,也不准许土杂钞流通。只有在抗日战争初期,为了争取蒋介石抗战和照顾统一战线的关系,曾对法币采取过保护的政策。但由于国民党政府一直坚持反共反人民的政策,制造反共事件,对根据地实行经济封锁,同时还由于日伪以其所掌握的大量法币投入根据地掠夺物资,因而根据地才不得不先后排除了法币的流通。

独占发行的原则是很重要的。准许其他通货流通,不仅会影响本币占领阵地和本币信用,而且会给货币流通带来混乱,不仅便于奸商投机操纵,也会给敌人造成有利的机会来扰乱根据地的金融和掠夺根据地的物资。

自银元在全国停止流通以后,在根据地内对金银的流通也是禁止的。准许金银流通就可能引起金银在流通中排挤本币以致自发地代替本币。因为在战时物价不稳定的情况下，准许金银自由流通，会使人们竞相追逐金银而投出本币，严重时就会动摇本币的基础。

根据地货币发行的方针是根据毛主席所指出的"发展生产，保障供给"这一基本原则所确定的：发行货币应首先用于支持生产的发展，并在生产发展的基础上开辟财源从而支持战争。毛主席曾如此具体指出："……国家银行发行纸币，基本上应该根据国民经济发展的需要，单纯财政的需要只能放在次要的地位。"①

但是，这并不排斥直接以货币发行来支援革命战争。因为在发展生产的基础上保持财政收支平衡，在革命战争的条件下并不是完全能够做到的。特别是在革命战争紧迫时期，往往不能不以发行的绝大比重直接用于支持战争。不过，直接以发行来弥补财政困难，不能作为长久的主要依靠。因为以发行弥补财政亏空，必然会助长物价上涨，刺激投机，结果不但会增加财政开支，而且会影响生产的发展和人民的生活。

至于货币发行用于财政透支方面，应控制在多大比例之下为宜，都是根据上述总方针和当时的政治军事斗争形势来掌握的。在战争间歇或相对和平时期，都是尽量减少财政透支，甚至完全不动用发行，而把发行更多地用在生产方面去。例如在1943年以后的大生产运动中，不少根据地把发行的大部分甚至100%用于经济发展方面。但是在战争紧张时期，为了首先保障供给，财政透支的比例不可避免地就增大起来，比如在1942年的困难时期和1946年以

---

① 《毛泽东选集》（四卷合订本），人民出版社1966年版，第129页。

第十章 革命根据地的货币与金融

后的解放战争紧张时期，大部分根据地把发行量的一半，甚至更多都是直接用在军事需要上。就当时根据地的金融工作的实践来看，财政透支超过发行总数的 1/3 时，物价就不易控制了。

这里需要指出一点，在当时，由于革命根据地是以自然经济为主，货币经济并不很发达，所以在革命战争的供给方面很大部分是依靠直接物资供应的办法来解决的。这就大大减轻了对货币流通的依赖程度。

由于存在着财政发行，不可避免地会发生通货贬值与物价上涨，这自然会影响到人民生活和生产的发展。但这与国民党统治区的通货膨胀有本质的不同。国民党所实行的通货膨胀政策是四大家族筹措反人民战争经费和掠夺人民财富的手段。而我们通过发行所动员起来的物资则是用于人民解放事业，它虽然也加重了人民负担，但这种负担是人民为了谋求自己解放所不能不付出的代价，它绝不是剥削，更谈不上掠夺。如果不顾战争需要而单纯强调"仁政"，强调通货的稳定，那实际上是有利于反革命的。

虽然财政发行与物价波动是不可避免的，但为了减轻其对人民生活和经济发展的消极影响，防止物价跳跃式地上涨、保持物价平稳地上涨则非常必要。因而，稳定通货就成为各根据地重要的财政金融任务之一。

由于一贯执行稳定通货的政策，不少革命根据地的物价上涨速度往往比国民党统治区和日伪占领区的物价上涨速度缓慢。就经济条件来看，很显然，根据地比敌占区要困难得多。如晋冀鲁豫解放区，在抗日战争时期的 1940 年至 1945 年 6 月，物价只上涨 26 倍，而同期，国民党统治区的重庆物价上涨了约 870 倍，沦陷区的上海物价则上涨了1万倍；解放战争时期，晋冀鲁豫解放区从1945年到1948年6月物价只上涨了23倍多，而国民党统治区，物价上涨的倍数则是以千计的。

在极端困难的条件下，根据地的物价波动之所以能保持这种相对平稳的局面，基本上仍然是由于财政经济的总方针"发展生产，保证供给"所决定的。为了保证供应，一方面不得不给人民增加一定负担，另一方面则又注意尽可能少增加人民负担；同时还把保证供应放在发展生产的基础上。这就决定了我们不是无限度地进行财政发行，从而物价的波动也就有了限度。

除去这一基本前提之外，物价波动之所以能保持在相对稳定的水平，还由于货币发行具有物资的准备，其中主要是粮、棉等基本生产资料与生活资料。革命政权掌握着这些物资，就有可能以适当价格在市场上抛出和购入以平抑物价和稳定市场。

除物资之外，也利用银行掌握的外汇准备（包括敌伪币、美元等）来稳定币值。这主要是通过利用它们从敌占区购入物资的办法而实现的。

金、银虽然是货币商品，但它们的作用在根据地并不大。在当时战争环境下，对物资的需求远远超过对金、银的需求。实践的经验证明，用金银来作为货币的保证不如用物资既直接又有效。所以，抗战初期虽曾一度采取吸收金银作为发行保证的政策，但以后就改变了。金银在对内方面只是作为储藏对象，对外则是作为向敌区购买物资的手段。

在有些情况下，也曾利用兑换银元的办法，这主要是在新开辟地区。如第三次国内革命战争中刘邓大军开辟的中原区，周围都是敌人，解放区全部流通着敌币，工商业者对我方政策有怀疑，国营经济机构薄弱，本币发行缺乏物资作为支持。因此当时确定用"稳健慎重发行和联合现洋兑现"的方针来推行本币，打击伪法币。当本币在市场巩固了立足点后，才逐渐摆脱本币与银元的联系。

在民主革命时期，各根据地都处在敌人包围之中，和敌人的斗争很激烈。其中在经济斗争方面主要的就是货币斗争和贸易斗争，而这两者又是密切结合和相互支持的。

货币斗争在当时曾是解放区银行业务活动的主要部分。它的主要任务是：随着革命战争形势的发展努力扩大本币的阵地和压缩敌伪币的阵地，并适应对外贸易的需要来调节敌伪币储备和掌握敌伪币汇价；通过这些办法来巩固本币、提高本币币值、打击敌伪币，以保护人民财富和保证生产发展。

货币斗争主要有三方面：反假票斗争、阵地斗争和比价斗争。

反假票斗争是货币斗争的重要内容之一。当时敌人是有计划有步骤地向各解放区推行假票以破坏解放区的经济和金融。而各地区由于物质条件差、印刷技术低和票版种类复杂，也给了敌人可乘之机。

假票流通的危害性是很大的。

首先，它会破坏本币的信用，影响本币的巩固。在假票流通的情况下，由于真假不易分清，往往使人民不敢使用本币，有时在收受本币时要压低价值，或是故意提高商品的价格。这样就会严重影响本币的流通和对敌的阵地斗争与比价斗争，特别是在新解放地区和边沿地区影响更大。

其次，它会引起金融的混乱，影响工商业的正常发展。假票流入之后，就会引起物价上涨和市面上的动荡，居民摊贩甚至于怕使用假票吃亏而不敢进行交易。

最后，敌人还可以利用假票来掠夺根据地的物资，影响我军事经济实力。敌人用假票来套取物资比用敌币更为阴险毒辣。因为敌人用敌币套取物资，我们还可以用这些敌人的货币向敌占区购回我们所需的物资，而用假票来买时，我们的物资就会白白地被掠夺去。

因此，防止假票入侵和查缉假票就成为必须注意经常进行的工作。但由于敌人广泛地使用这一卑劣的手段，因而对此工作量是很大的，仅靠银行和有关部门的工作干部远不足以完成这一任务。当时是通过发动群众，教育群众识别假票和认识反假票的重要意义，从而使广大群众积极参加这样的斗争的。只有如此才使这一斗争取得不断的胜利。

所谓阵地斗争，其基本内容是使本币占领市场，巩固本币的信用并把敌币排出市场之外。本币占领市场是利用货币杠杆的首要条件。如本币投放不出去，当然也就无从谈起对货币的利用。巩固和扩大本币的阵地对货币流通的稳定有突出的重要意义。如果阵地缩小，发行出去的货币就会集中在比较狭小的范围内流通，从而就会引起物价波动和动摇本币信用。

由于革命斗争形势非常复杂，因而阵地斗争的具体任务在不同的形势下就有所不同。在新解放区，阵地斗争的任务主要是肃清伪币和使本币占领市场；在巩固地区，则是保证本币单一的流通；在边沿区和游击区完全占领市场是不可能的，这时的任务则是尽可能地压缩敌币市场和扩大本币市场；在暂时退却的地区，则是如何保持货币阵地不被敌人完全摧毁，防止本币急骤向中心区集中等。

进行阵地斗争的基本经验在于政治措施与经济措施必须紧密配合。政治措施一方面是结合政治宣传，宣传建立本币市场的意义，另一方面则是在必要时明令禁止敌币流通或限期兑换等。阵地斗争中最主要的经济措施则是以物资保证本币的信用，保证群众能用本币以适当价格购入必需的粮、棉等物资。无论是政治措施或经济措施，忽视哪一方面都不能使这一斗争获得胜利。比如，有些地区，由于没有经验，曾企图单纯依靠强力建立本币市场。结果本币币值降低，群众暗中相互使用敌币，本币反而不能出笼。尤其是新解放地区，由于敌人的长期统治与欺骗宣传，群众对我方政策不了解，对本币则怀疑不信任，如果没有经济措施保证本币的比值，阵地的建立是不可能的。如前指出，有的地区为了建立本币阵地，甚而不得不采用本币与银元兑现的办法。反之，如果没有必要的政策教育与政治强力支持本币活动，经济措施也不能取得应有的效果。

在建立本币市场过程中，对肃清敌币的做法也是根据不同情况而有所区别的。一般情况下主要是采取组织群众驱逐与排挤的办法，将敌币排挤到敌占区并换回物资。同时也往往辅之以有条件的收兑。通过收兑指导本币与敌币的比价，兑入的敌币又可用来调剂比价和作为外汇准备。有时敌币无处可以排出，这时视具体情况或是限期收兑，或是逐步压低比价逐步收兑等。

比价斗争的目的一方面是打击敌币，提高本币信用，以扩大本币阵地，并保证我区物价不受敌区物价波动的影响；另一方面则是配合贸易斗争，达到贱价购进必需品，高价输出农副产品，实现根据地的贸易平衡。

由于货币比价反映着敌我双方政治经济力量的对比与变化，所以它不仅具有经济意义，而且具有重大的政治意义。

比价确定的经济根据基本上是两种货币币值的变化。币值的变化是由物价反映出来的，因而敌占区与根据地的物价变化就是确定比价的根本依据。只有正确及时地据此调整比价，才能保证根据地的经济生活不受或少受敌区经济波动的影响。

比价的确定虽然是以两种货币币值的变化为基础，但这并不排除在有利的条件下主动地运用比价配合贸易斗争来打击敌币。在这方面根据地的金融工作积累有丰富的经验。

在配合贸易斗争中，一般地说，比价要保护根据地主要物资如粮棉等不要大量外流，要有利于主要出口物资的输出，要有利于军民必需品的入口并尽量照顾过剩土产品的出口。具体的做法是：在出口旺季前提高比价以争取有利输出；在敌人套购根据地主要物资时要提高比价以防止物资大量外流；在出口淡季和入口增加之前稳定比价等。

配合军事政治形势调节比价也是重要的经验。如当革命战争不断胜利、地区不断扩大时，要主动提高比价，以打击敌币和给本币占领阵地提供有利条件。由于军事经济等不利因素也往往需要有预见地降低本币比价以防止本币比价急骤下跌。因为本币比值的急骤下跌不仅会使物价猛涨、进出口失调，甚至会动摇本币信用。

比价斗争一方面是经济斗争的工具，但它同时也是奠定在经济斗争的基础上的。如果没有各方面经济斗争的支持，这一斗争也不能顺利进行。比如要提高比价，首先就需要以根据地的金融状况相对稳定为基础，在这基础上还必须掌握比较充裕的敌币，否则本币的高比价就不易维持。而要掌握充裕的敌币，除了在地区扩大时收兑一部分外，还要靠有利的物资出口。再如，要稳步地降低比价，也必须通过吞吐物资来实现，否则比价的下跌就会不能控制。

第三节
革命根据地银行的业务与农村的信用政策

根据地银行的资金除上面所提到的有一部分用于支持财政外，主要是用于对农副业贷款和对贸易贷款。对工业的贷款比重则不大。这一方面是因为根据地的工业不够发达，同时也是因为革命政府所经营的一些工业大都是实行资金供给制，靠财政支持。

根据地的农贷业务在第二次国内革命战争时的苏区即已存在，但规模广泛的农贷业务则是在抗日战争时期伴随着大生产运动而开展起来的。根据地各银行的放款总额中农贷一般都占 1/3 左右，甚或有占到一半以上的。农贷之所以如此重要，一方面是由于根据地的经济基础主要是农业生产，农民是支援革命战争的主要负担者；另一方面则是由于在残酷的战争环境下，农民尤其是广大的贫雇农群众生活往往非常困难，甚至不能维持简单再生产。所以，为了发展生产和保证粮棉供应，为了保持基本农民群众支援长期革命斗争的积极性和为了巩固工农联盟，就不能不对这一工作予以特别注意。

根据地的农贷工作一开始就注意贯彻生产路线与阶级路线。其具体方针是：主要贷款给贫雇农以解决生产上的困难，同时对中农的生产需要也予以适当和可能的照顾。这里需要指出，所谓解决生产困难并不排斥以农贷来解决生活上的紧迫需要，因为农民如果没有起码的生活条件，就根本谈不上生产。

在农贷中曾强调必须有财产抵押、必须有殷实户作担保，或是必须结合私资等做法。这些实际上都是富农路线的表现。因为这样做必然要把贫雇农挡在农贷大门之外，而把贷款贷给富农和中农。这不仅忽视了贫雇农的困难，违反了党的阶级路线，而且也和生产路线的要求不相符合。因为广大的贫雇农是农业生产的主力，而在生产上有困难的正是他们。他们受财力的限制，如果得不到贷款的支持，往往就会由于缺乏最基本的生产手段和生活条件而迫使生产停顿下来。

但是，另一方面，也出现过片面的"贫雇农路线"。比如"必须把贷款完全贷给贫雇农使用""贷款对中农宽大就是对贫农的刻薄"之类的认识，实际上是要取消中农借款的权利，这在政治上会大大影响中农的情绪，使贫雇农孤立，妨碍农民团结；在经济上则忽略了贫雇农虽是农村生产的主力，但是中农也是农业生产不可缺少的力量。在农贷工作中也出现过单纯从"穷"出发的做法，认为只要把贷款交给贫雇农就行了，对于具体困难与需要和贷款对生产起了哪些作用很少过问；甚至把贷款变成"填平补齐"的工具，进行普遍分配。其结果则是把贷款变为救济工具，助长了贫雇农对政府的依赖思想，从而也就削弱了农贷的作用。

在战时物价不稳定的情况下，农贷实质上是一种贴本放款。因为农贷的期限一般较长，在物价不稳定的条件下，贷款到期收回时已经贬值很多。甚至有些地方形成只贷不收，贷款成为变相的救济。所以农贷实质上是国家对贫苦农民的一种补贴，是一种国民收入的再分配。但是这种补贴在当时是有必要的，因为它支持了贫苦农民的生产，有利于根据地经济的发展和根据地的巩固。

为了让有限的资金尽可能长时期地运用，以减轻财政负担和促进生产扩大，各根据地在后期都研究了一些办法争取农贷保本或少赔。提高利率是曾经采用的一种办法。但这一办法不仅不可能完全实现保本的要求，而且利率高低也很难确定。后来曾采用实物贷款的办法。实物贷款办法对群众来说并不吃亏，所以群众也很拥护。

需要指出的是，银行对农民的贷款并不是革命政权对贫苦农民唯一的帮助形式。除银行的贷款外，革命政权还以很大数量的粮食、籽种等实物直接放贷给农民或用于救济。后一种形式在不少地区甚至比前一种形式更占主要地位。

贸易贷款在银行放款总额中也占很大比重，一般地区大体占到1/3。有的地区这种贷款数额占各种贷款的首位。贸易贷款的意义在于帮助革命政权通过自己的商业机构掌握大量的主要物资。掌握物资一方面可以保证对革命军队和政府的供应，可以出口一部分以从敌区套购根据地所必需的物资；另一方面则可用于活跃市场、控制市场、稳定币值和巩固本币信用。

根据地银行发放贷款的资金来源除去自己所积累起来的资金外，主要是依靠货币发行。因为在当时经济生活极端动荡和货币流

第十章
革命根据地的货币与金融

通不稳的条件下，可以说几乎是没有存款业务的。虽然有些银行在一定时期曾吸收过一些存款和储蓄。但其数字很小，在资财中比重不大，不起重要作用。在资产与负债业务中通货发行与贸易贷款有着最紧密的联系，一方面是以发行支持贸易，以发行掌握物资；另一方面则是商业部门以物资来稳定市场，来支持货币斗争。这种相互作用的关系是根据地贸易金融工作的重要经验。

在建立和发展根据地的过程中，革命政权还面临着农村中广泛存在的高利贷信用。高利贷信用在中国农村中是封建土地剥削的重要补充。发放高利贷款的主要是地主、富农和以放债为主要生活来源的高利贷者，因而对待高利贷的信用政策就不能不构成对待封建剥削政策的重要内容之一。

由于各个革命时期的任务不同，众所周知，对待封建制度的政策就有所不同，从而对待封建高利贷剥削的政策也就相应地有所区别。在第二次和第三次国内革命战争时期，封建主义是革命的对象，党的农村基本政策是废除封建性及半封建性的土地制度，因而对劳动人民所欠地主、富农和高利贷者的高利贷债务采取一律废除的方针。在抗日战争时期则不同，由于要团结一切爱国人士（包括爱国地主）抵抗日本帝国主义的侵略，所以对待封建剥削只是采取削弱的方针：所谓"二五减租、分半给息"就是这一政策的具体口号。不过"二五""分半"并不是绝对不可变易的数字。

除了封建势力与劳动农民之间的信用关系外，在劳动农民（包括中农与贫雇农）之间也存在着信用关系。虽然相对说来为数不多，但利息有些也是相当高的。不过由于我们农村阶级路线的要求，对两种不同的信用关系是分别对待的。对劳动农民之间在革命

173

前的借贷关系并不采取废除方针,如果这样做,则不利于劳动农民之间的团结。同时由于客观上农民之间还有借贷要求,而这种要求又不能完全由银行的信用活动所代替,所以就不能采取一般地废除信用的方针。有些地方由于工作简单,一般地废除了债务,结果则使公开的信用活动陷于停顿状态,而暗中的高利贷活动反而更加猖獗了。这种情况对于要求借款的贫困农民来说显然是更为不利的。

在革命政权下所发生的借贷关系,其利息是让借贷双方自由议定。有些地区也规定一个最高利率作为原则的控制标准。毛主席在论述抗日战争时期的减租减息政策时提到:"利息,不要减到超过社会经济借贷关系所许可的程度。"[①] 而经验也证明,执行过低的利率政策,对开展必要的信用活动是不利的。

---

① 《毛泽东选集》(四卷合订本),人民出版社1966年版。

附　录

金融统计

表1 广州对欧美海上贸易中的鸦片与白银

(1817—1833)　　　　　　(价值单位：银两)

年度	合法商品出口总值Ⅰ	合法商品进口总值Ⅱ	合法贸易出(+)入(-)超Ⅲ=Ⅰ-Ⅱ	走私进口鸦片值Ⅳ	估计白银流出量值Ⅳ-Ⅲ
1817—1818	11 910 183	10 449 605	+1 460 578	3 008 520	+1 547 942
1818—1819	14 415 017	10 002 162	+4 412 855	3 416 400	-996 455
1819—1820	14 987 020	6 708 128	+8 278 892	4 172 400	-4 106 492
1820—1821	13 374 090	7 173 709	+6 200 381	6 048 576	-151 805
1821—1822	15 567 652	8 639 688	+6 927 964	6 351 840	-576 124
1822—1823	15 150 148	6 896 615	+8 253 533	5 752 080	-2 501 453
1823—1824	13 877 022	7 869 570	+6 007 452	6 224 114	+216 662
1824—1825	15 422 345	9 182 859	+6 239 486	5 707 800	-531 686
1825—1826	16 707 521	9 710 322	+6 997 199	5 477 904	-1 519 295
1826—1827	13 734 706	10 284 627	+3 450 079	6 957 216	+3 507 137
1827—1828	13 784 148	8 380 235	+5 403 913	7 506 137	+2 102 224
1828—1829	13 901 480	8 805 107	+5 096 373	9 899 280	+4 802 907
1829—1830	13 822 689	8 626 282	+5 196 407	9 124 920	+3 928 513
1830—1831	13 316 534	8 462 825	+4 853 709	9 895 680	+5 041 971
1831—1832	14 215 836	8 192 732	+6 023 104	9 468 000	+3 444 896
1832—1833	15 988 204	9 498 107	+6 490 097	10 240 056	+3 749 959
1833—1834	10 253 991	10 616 770	-362 779	9 272 304	+9 635 082

注：进出口总值指普通商货，不包括鸦片和金银在内。

资料来源：严中平等编：《中国近代经济史统计资料选辑》，科学出版社1955年版，第36页。

表2　白银外流下的中国银钱比价

(1798—1850)

年份	银一两合铜钱数	指数 1821=100	年份	银一两合铜钱数	指数 1821=100
1798	1 090.0	86.1	1826	1 271.3	100.4
1799	1 033.4	81.6	1827	1 340.8	105.9
1800	1 070.4	84.5	1828	1 339.3	105.7
1801	1 040.7	82.2	1829	1 379.9	109.0
1802	997.3	78.7	1830	1 364.6	107.7
1803	966.9	76.3	1831	1 388.4	109.6
1804	919.9	72.6	1832	1 387.2	109.5
1805	935.6	73.9	1833	1 362.8	107.6
1806	963.2	76.1	1834	1 356.4	107.1
1807	969.9	76.6	1835	1 420.0	112.1
1808	1 040.4	82.1	1836	1 487.3	117.4
1809	1 065.4	84.1	1837	1 559.2	123.1
1810	1 132.8	89.4	1838	1 637.8	129.3
1811	1 085.3	85.7	1839	1 678.9	132.6
1812	1 093.5	86.3	1840	1 643.8	129.8
1813	1 090.2	86.1	1841	1 546.6	122.1
1814	1 101.9	87.0	1842	1 572.2	124.1
1816	1 177.3	93.0	1843	1 656.2	130.8
1817	1 216.6	96.1	1844	1 724.1	136.1
1818	1 245.4	98.3	1845	2 024.7	159.9
1820	1 226.4	96.8	1846	2 208.4	174.4
1821	1 266.5	100.0	1847	2 167.4	171.1
1822	1 252.0	98.9	1848	2 299.3	181.5
1823	1 249.2	98.6	1849	2 355.0	185.9
1824	1 269.0	100.2	1850	2 230.3	176.1
1825	1 253.4	99.0			

注：据北直隶宁津县大柳镇"统泰昇记"商店出入银两流水账、买货总账制。

资料来源：严中平等编：《中国近代经济史统计资料选辑》，科学出版社1955年版，第37页。

表 3　北直隶宁津县乡镇的零售物价和银钱比价指数
（1800—1850）　　　　　　　（1821年=100）

年份	银钱比价指数	零售物价总指数	农产品零售物价指数	手工业产品零售物价指数	年份	银钱比价指数	零售物价总指数	农产品零售物价指数	手工业产品零售物价指数
1800	84.5	84.5	78.5	90.4	1821	100.0	100.0	100.0	100.0
1801	82.2	99.8	96.7	102.8	1822	98.9	103.0	101.9	104.0
1802	78.7	100.8	97.0	104.5	1823	98.6	103.1	102.5	103.8
1803	76.3	98.7	102.4	95.0	1824	100.2	101.5	98.3	104.8
1804	72.6	94.6	92.1	97.1	1825	99.0	105.1	101.3	108.9
1805	73.9	90.5	92.2	88.8	1826	100.4	101.7	99.6	103.7
1806	76.1	93.0	103.8	92.2	1827	105.9	98.0	95.6	100.3
1807	76.6	104.0	112.1	95.9	1828	105.7	97.9	100.2	95.5
1808	82.1	104.2	111.8	96.6	1829	109.0	91.6	89.6	93.6
1809	84.1	102.8	105.3	100.4	1830	107.7	85.1	80.3	89.9
1810	89.4	103.7	105.5	101.9	1831	109.6	87.9	85.7	90.1
1811	85.7	104.5	105.6	103.3	1832	109.5	95.0	96.3	93.7
1812	86.3	104.5	106.0	102.9	1833	107.6	104.5	110.1	98.9
1813	86.1	104.4	106.3	102.4	1834	107.1	112.6	127.6	97.6
1814	87.0	116.5	125.7	107.3	1835	112.5	110.0	117.2	102.8
1815	90.0	115.5	117.7	113.3	1836	117.4	106.3	111.5	101.2
1816	93.0	103.8	101.9	105.6	1843	130.8	99.5	97.7	101.2
1817	96.1	96.8	91.4	102.2	1844	136.1	99.9	99.5	100.3
1818	98.3	103.0	99.6	106.4	1845	159.9	101.5	98.8	104.2
1819	97.6	101.1	101.9	100.2	1850	176.1	116.4	112.2	120.7
1820	96.8	99.6	101.9	97.3					

注：据北直隶宁津县大柳镇"统泰昇记"商店的出入银两流水账、买货总账、四乡账、四街账、柴胡店账制。农产品包括大米、花生二项；手工业产品包括蒲席、酒、木炭、桐油、赤砂糖、白毛边纸、铡钉、南铁、甬铁、改锅十项。宁津县计算钱文，两吊为一吊，二文实一文，本表数字系折实后计算者。

资料来源：严中平等编：《中国近代经济史统计资料选辑》，科学出版社1955年版，第38页。

表4　1851—1861年大钱、铁钱、银票、宝钞及京钱票发行数

项目	发行数量	折合银两	比重（%）
户部、工部两局历年铸钱交库数（1851—1861）	11 090 500 串	5 545 250	9.05
铁钱局历年铸钱共合京钱数（1854—1859）	15 026 000 吊	3 756 500	6.13
户部银票历年发行总数（1853—1860）	9 781 200 两	9 781 200	15.96
户部宝钞历年发行总数（1853—1861）	27 113 038 串	13 556 519	22.12
乾天九号历年交库京钱票折合制钱数（1853—1861） 宇字五号清查时京钱票发行余额（截至1857年8月）	49 447 910 串 15 707 814 吊	24 723 955 3 926 954	46.74
总计	银 9 781 200 两 钱 87 651 448 串 京钱 30 733 814 吊	61 290 378	100.00

注：银票总数据《衣曹案汇》记载；其余根据清代钞档：户部银库大进黄册和四柱州及有关钱法档案计算而得。

资料来源：彭泽益：《1853—1868年的中国通货膨胀》，《中国社会科学院经济研究所集刊》第一集，中国社会科学出版社1979年版，第226页。

表5 各省宝银名称重量表

省名	地名	银名	备考
京兆	北京	十足银	系公估局估定十两重之锭银，市上最为通用，作为十足行使，如实际化验，尚不足纯银九九。
		松江银	当地通用，作为九七六，实则九七二。
直隶	天津	化宝银	此种银两成色作九九二，后来并无实银，专属转账之用。
		白宝银	为足色现宝，系本埠炉房所熔铸，市面通用之。
		老盐课银	成色约在九九七之谱。
	保定	新化银	即府漕宝银，系本地各炉房所熔铸之五十两重锭银，市上最为通行。
	张家口	蔚州宝	系本地炉房所熔铸，每锭五十两重，为本地最通用之高色银。
		滴珠银	成色较蔚州宝为低。
	榆关	松江银	
	祁县	蔚州白宝	此间炉房只大德元一家。叶商所来现银由该炉房倾成白宝，然后可以行使市上，其成色约在九九五之谱。
	石家庄	山西宝	此地通行山西运来之大宝。
	邢台	周行银	系本地银炉所化，每锭重一两三钱有零，通行市上，名为九九成色，实际仅九八二光景。
山东	济南	高白宝	市面通用之。实际化验，得纯银九九之谱。
	烟台	曹估银	系公估局估定宝银（如足银曹平五十两估升色一两二钱，即为曹估银五十一两二钱），市上最通用之。
	青岛	公估足银	系公估局估定五十两重之锭银，市上最为通用。
	周村	单戳高边足银	当地最为通用。
	潍县	高宝银	本地通用单戳宝银，若三戳者，无论银色高低，必须较单戳者退色。

(续表)

省名	地名	银名	备考
山东	胶县	胶平足银	凡系单戳之大宝，市上最为通用，双戳概不行使。
	济宁	山东高边二七宝	当地通用作为足色，次者近来概不运用。该宝如运至津申，亦能批水到二七。
	惠民	白宝	亦名高边宝，系本省各县化宝，每锭重五十两之砠市面通用作为十足银。
		盐课锭	亦本省所化，亦作十足银用，唯成色不一，不如白宝易使。
	临清	十足银	
	掖县	山东高边银	市上最为通用，如运至上海，可批水二七。
		十两锭老盐课	市上最为通用，如运至上海，可批水二七。
	滕县	公议十足白宝	市面通用之，每日有钱盘行市。
	临沂	山东高边	每锭重五十两，市上当足银行使，考其实际成色，约得纯银九九光景。
	龙口	钱粮小宝	系十两重之小锭，与大宝搭用。
		高宝银	黄县城炉房所熔铸者，每锭重五十三四两，市上最为通用，成色极高，市上作纯银使用。
河南	开封	元宝银	每锭重五十两左右，市上最为通用，成色与北京公议十足相同。
		净面银	即腰锭，每锭重五两左右，在市上亦极通用，成色与元宝银同。
	周口	二八宝足银	此宝系陈州府所属各地交纳地丁等款，由本地炉房熔铸之宝，成色纯足，本地通用之。
	洛阳	库宝	系解库之官宝，有十两、五十两二种。皆作十足色。
		街市周行银	系本地商号通用之银，较库宝每百两差色八钱。此等银只适于本地商号往来行使。
	信阳	足银	各省所用足色银均适用之。

(续表)

省名	地名	银名	备考
河南	禹县	足银	大小足色元宝及块银，均适用之。
	南阳	府平足银	名为足色宝，稍次者亦能行使。
	许县	现银	河南宝、上海宝及碎银一律通用。
	漯河	足色银	系本地通用足银。
山西	太原	库宝	又称之曰镜宝银，专系上兑库款用，是山西最高成色。
		周行足银	系市面通用之银，原定名曰足宝，实较库宝每千两低色五两。
	运城	足银	系十足五十两重之宝银。
		公估银	系市上买卖通用银两，成色较足银为次。
	新绛	库宝银	无论何省者，皆能通用。
	大同	足色银	系本省倾化之大同宝，每锭五十两，名为足色，实得九九八之谱。
江苏	上海	二七宝银	为本埠银炉所熔铸，或外埠来宝，以成色不同，经银炉改铸者，每宝重量为漕平五十两左右，送由公估局批过方能通行，其成色高者，每只可批升水二两七钱五分，谓之二七宝者以此也，如成色较低，批升水二两六钱五分者亦能通用，苟成色不及二两六钱五分者，即退回不批。
	镇江	公议足纹银	系公估局批定二七宝，名曰金炉心，每锭重五十两有零，市面最为通用。
	苏州	苏元锭	系苏州税关铸造，每只重洋例平五两左右。
	扬州	扬漕平银	从前系由银炉所化之宝，通行市上，名曰扬州新。自光复后，此种宝银已经绝迹，并且银炉亦无现成，为一种过账银而已。
浙江	杭州	元宝银	系本地银庄所铸造，每锭重五十两内外。
		小锭子	每锭自一两至五两不等。
	湖州	十足宝银	系上海所行用每锭五十两重之二七宝银。
	绍兴	绍宝纹	

(续表)

省名	地名	银名	备考
安徽	芜湖	二七宝银	
湖北	汉口	公估二四宝银	系一种五十两重之大宝,如在上海,每宝可申水二两八钱者,在汉只申水四钱,扣去二两四钱计算,故名为公估二四宝银,各省大元宝来汉均须由公估局估定,如系碎银小锭,均须重化才可通用。
	武昌	武昌关锭	系由武昌关铸造洋例平五两内外。
		昌关子	亦系由武昌关铸造,每只重洋例平三钱,五钱至一钱不等。
	襄阳	老宝银	
	沙市	荆沙锭	即沙平九九银,系一种五两重元锭,名为九九,实际化验仅九六成或九七成。
	宜昌	汉潮	每锭约重五两。
		川锭	由蜀运来,每锭重量十两光景。
湖南	长沙	用项银	即公议十足银,每锭重量十两左右,实际化验仅得纯银九九八。
		十足大宝银	系十足大宝,每锭重量五十两左右。
	湘潭	市纹银	
	常德	市纹银	
江西	南昌	镜面盐封库平银	系由布政使司铸造,每只重自六两至十两不等。专系对于西岸榷运局购买食盐之用,如装运上海须照该处公估局批价为准,其余交易均不适用。
		二七东宝	
		江西方宝	每锭重洋例平五十两。
	九江	二四曹纹	此项宝银由公估局批定,成色高低,均以二四为标准。
福建	福州	闽锭	每锭重十两左右。
广东	广州	藩纹	
		盐纹	
		关纹	

184

(续表)

省名	地名	银名	备考
广西	桂林	足银	
		花银	
	梧州	花纹	
云南	云南地区	公估银	又称解锭银。
	思茅	市银	
	元江	元江银	
		猛撒银	
贵州	贵阳	票银	每锭重十两，为黔省市上最通行者，其成色名为与川锭同，实则与北京公十足成色相等。
		巧水银	市上交易适用之，其成色高下不一，自九四五至九五六为止。
		罗罗银	银色自九八至九九五，银两交易作为辅助之用。
四川	重庆	足色票银	即九七平十两重足色锭银，旧者称为老票银，新倾者称为新票银。
	成都	川票色银	重十两左右之圆锭，成色高低不一，以九九七八为普通周行成色。
	泸州	川白锭	系十足银，每锭重五十两左右，川省最为通用，成色高下不一，计分新票、老票两种。
		新票银	新铸之槽，即为新票，成色纯足。
		老票银	旧铸之槽，即为老票，成色较次，渝、成相习为例，每千两须贴色二两，如泸埠则一样行使。
四川	万县	十两锭	经公估局估定，即作为十足，于市面最为通用。
		票色银	
	自流井	银两	每锭重十两，川中向无公估局，银色即稍有高低，市上亦一律通用。

(续表)

省名	地名	银名	备考
陕西	西安	十足银	系公估局估定十足,每锭重五两左右,目下成色不一,唯永兴庆倾化者成色稍高,市面最为通用。
	三原	足色银	系能完纳地丁钱粮者,每锭重五两左右,有"西安省永兴庆"六字戳记及"三原王成"四字者为最足色。
		街市周行银	此种银两较足色只有九五六成色,且有九二三者,而市上买卖均通用此银。
甘肃	兰州	足纹银	
	凉州	馒安银	
新疆	迪化	足纹银	
奉天	营口	现宝银	系本地各银炉所倾化者,每锭重五十三两左右,成色约九九二之谱,市面通用之。
	沈阳	锦宝银	
	安东	镇宝银	此宝系本埠炉房所倾化者,每锭重五十三两五钱,市面交易均用此银,唯银色极低。
	辽源	现银	营口现宝、吉林大翅宝及宽城大翅宝均通用之。
吉林	吉林地区	大翅宝银	重五十三两五钱为一锭,化验得纯银九九二。
	长春	大翅宝银	每锭重量为五十三两五钱,原作九九二成色,近来化验实际纯银不过九八成而已。
黑龙江	黑龙江地区	大翅宝银	钱业公所公议九九二成色,每锭重五十三两五钱,本地最为通行,唯实际化验尚不足此成色耳。
察哈尔	丰镇	蔚州宝足银	所谓蔚州宝并非真蔚州所熔化之宝,现都是张家口所熔化者,宝面刻有蔚州某某字号字样,成色当十足银行使。

资料来源:张家骧:《中华币制史》第二编,民国大学1925年版,第37—45页。

表6　各地通用成色标准宝银表
(清道光以后各通商口岸逐渐选定通用)

省名	地名	标准宝银	备考
京兆	北京	十足宝	名为纯银，实则九九二，故可称之曰二六宝。
直隶	天津	化宝	成色九九二，与北京同，故亦可称之曰二六宝。
山东	济南	二四宝	
	芝罘	二六宝	
河南	开封	二八宝	名为二八宝，实则二四宝。
山西	太原	二四宝	
陕西	西安	二四宝	
江苏	上海	九八规银	
	镇江	二七宝	市上往来多用二四宝，但外省汇兑则均用二七宝。
	南京	二七宝	
	苏州	二八宝	
浙江	杭州	二七宝	二八宝亦通用。
	宁波	二九宝	
安徽	安庆	二八宝	二四宝亦通用。
	芜湖	二七宝	
湖北	汉口	二四宝	
	宜昌	二四宝	
	沙市	二四宝	
湖南	长沙	二四宝	又二四宝九九八兑。
	常德	二四宝	
	湘潭	二四宝	又二四宝九九五兑。
	岳州	二四宝	又二四宝九九五兑。
江西	九江	二四宝	
	南昌	二四宝	
贵州	贵阳	二四宝	

(续表)

省名	地名	标准宝银	备考
四川	重庆	二四宝	
	成都	二四宝	
奉天	营口	二六宝	
吉林	吉林	二六宝	
黑龙江	龙江	二六宝	

资料来源：张家骧:《中华币制史》第二篇，民国大学1925年版，第46—48页。

表7 各种宝银纯分成色比较表

宝名	每百两申水成数	内加成色	外加成色	银炉所定成色	印度造币厂试验之结果
纹宝	——	940.00	943.40	932.00	935.374
二四宝	4.8	988.00	988.14	980.00	980.272
二四五宝	4.0	989.00	989.12	981.00	981.20
二五宝	5.0	990.00	990.10	982.00	982.10
二五五宝	5.0	991.00	991.08	983.00	983.08
二六宝	5.2	992.00	992.06	984.00	984.01
二六五宝	5.3	993.00	993.05	985.00	984.95
二七宝	5.4	994.00	994.04	986.00	985.88
二七五宝	5.5	995.00	995.03	987.00	986.80
二八宝	5.6	996.00	996.02	988.00	987.75
二八五宝	5.0	997.00	997.01	989.00	988.69
二九宝	5.8	998.00	998.00	990.00	989.60
二九五宝	5.9	999.00	999.00	991.00	990.56
足银	6.0	1 000.00	1 000.00	992.00	991.50
纯银					1 000.00

资料来源:张家骧:《中华币制史》第二篇,民国大学1925年版,第49—50页。

表8 各省铸造银元概况表

省别	具奏年月及具奏人（部门）	铸造情况	备考
总厂	光绪二十九年闰五月二十三日财政处	在天津设立户部铸造银钱总厂，光绪三十三年十月铸通用银币	自光绪十五年准粤督奏请铸银元后，各省先后开铸者计：广东、奉天、吉林、湖北、直隶、江南、福建、安徽、新疆、湖南、浙江，共十一处。光绪二十五年至二十七年停铸者，奉天、福建、安徽、新疆、湖南、浙江等处；准保留铸造者，直隶、湖北、广东、江宁（江南）、吉林等处。光绪二十七年至三十一年准留铸造者，湖北、广东、江宁；准复铸者，山东、奉天、四川等处。光绪三十一年至三十三年准铸银币厂局，计总厂、直隶、江南、广东、湖北及云南（奉天尚待奏明），其余各省局厂均在停铸之列。（以上摘自度支部通阜司咨稿）
广东	光绪十三年二月张之洞	筹铸银元	
	光绪十六年五月十五日李瀚章	光绪十六年四月初二日开铸，大小共五种	
	光绪三十二年二月周馥	停铸小元（六月又开铸）	
	宣统二年九月十四日袁树勋	请开铸小洋	
直隶	光绪二十二年二月二十四日王文韶	就北洋机器局改建添机附铸银元	
	光绪二十二年十二月王文韶	开铸银元五种	
	光绪二十四年十二月十一日	不能停铸	
	光绪二十五年五月二十日裕禄	直隶附铸不便，仍请自铸	
	光绪二十八年十一月袁世凯	建北洋银元总局十一月十六日开铸	
山东	光绪二十四年张汝梅	请开铸银元（二十五年停）	
	光绪二十七年九月袁世凯	请设局自铸，部议准	
奉天	光绪二十二年九月十六日伊克唐阿	购机设局请铸银元	
	光绪三十年一月增祺	试铸银元	
	光绪三十四年四月徐世昌	大银元由北洋代铸自铸小银元	

(续表)

省别	具奏年月及具奏人（部门）	铸造情况	备考
吉林	光绪二十三年七月初六延茂 光绪二十五年六月初六延茂 光绪二十八年九月长顺	开铸银元 附铸不便，请仍铸自铸 复铸（因日俄战争停铸）	据宣统二年四月度支部奏："现在币制既经厘定，亟应将各省所设银铜各厂一律裁撤，专归天津总厂铸造。唯中国幅员辽阔，非一厂所能敷用，拟将汉口、广州、成都、云南四处之厂，改为分厂，归天津总厂管理。东三省情形与他省不同，拟就奉厂基址暂改分厂一所。" 后又添设江宁分厂，其余各厂均应裁撤。 光绪三十一年奕劻奏银币一项专由总厂铸造，仍留南北洋粤鄂四局，后添云南一局。 光绪二十五年四月上谕各省银元由湖北、广东两省代铸，各省毋庸另行设局。 光绪二十五年六月上谕准直隶、吉林、江宁三局照铸，其余各省毋庸设局。
黑龙江	光绪二十六年寿山	请设局自铸银元	
安徽	光绪二十四年七月邓华熙 光绪二十五年八月邓华熙	开铸五种银元 停铸	
浙江	光绪二十五年正月二十六日廖寿丰 光绪二十五年七月十四日刘树棠	开铸五种银元 停铸	
福建	光绪二十四年正月许应骙 光绪二十六年十月许应骙	铸造银元（官督商办） 请仍自铸，部议准	
湖北	光绪十九年八月张之洞 光绪二十一年六月张之洞 光绪三十年八月张之洞	建银元局 开铸银元四种 铸一两重银元，计一两、五钱、二钱、一钱四种	
湖南	光绪二十三年六月二十一日陈宝箴	试铸半角、一角、二角小银元	

（续表）

省别	具奏年月及具奏人（部门）	铸造情况	备考
四川	光绪二十二年六月鹿传霖	建银元局，光绪二十四年六月开铸（光绪二十五年停）	
	光绪二十九年八月奎俊	请自行设局铸造，部议准	
	光绪三十二年二月锡良	仿印度卢比铸三钱二分重藏洋，行使西藏及川进	
陕西	光绪三十五年三月魏光焘	自行设局鼓铸	
云南	光绪三十二年三月丁振铎	设局照部章自铸银元	
江苏	光绪二十五年五月三十日刘坤一	江宁自光绪二十三年十二月开炉至光绪二十四年年底止共铸大小银元五百万元，盈银十四万余两，请仍自铸，不附粤鄂代铸，部议准	
新疆	宣统元年二月十三日度支部阜通司	光绪二十九年以土法制银元，计湘平五钱、三钱、二钱三种，三十三年六月改附机器局试铸	
西藏	宣统二年七月初一日联豫	查封番官所设造币厂，试铸银元一种，重一钱	

注：1. 此表系就当时各省督抚将军奏章中摘出排列，借以说明各省铸造情况。
2. 各省铸造，时铸时停，或停而复铸，又铸造种类及数量，因缺乏资料，未能注明。
资料来源：中国人民银行总行参事室金融史料组编：《中国近代货币史资料》第一辑（下册），中华书局1964年版，第823—824页。

表9 各省旧铸大小银元重盈成色表（据天津造币厂报告）

地区（企业）	年代	种类	每千分		每元重量		库平		备考
			纯银	铜并杂质	库平		每枚含银	每枚含铜	
广东	光绪年间	一元	902.700	97.300	0.7245		0.6540	0.0705	含金极微
		二角	804.000	196.000	0.1433		0.1152	0.0281	
		一角	770.835	229.165	0.0715		0.0551	0.0164	
湖北	光绪年间	一元	903.703	96.297	0.7226		0.6530	0.0696	含金极微
	宣统年间	一元	901.697	98.303	0.7261		0.6547	0.0714	
	光绪年间	半元	863.720	136.280	0.3535		0.3053	0.0452	
		二角	820.080	179.920	0.1415		0.1160	0.0255	
		一角	821.085	178.915	0.0684		0.0561	0.0123	
江南	光绪二十四年	一元	902.327	97.673	0.7246		0.6538	0.0705	微含金
	光绪二十八年	一元	902.700	97.300	0.7074		0.6386	0.0688	
		二角	821.304	178.696	0.1428		0.1172	0.0256	
		一角	824.323	175.677	0.0706		0.0582	0.0124	
北洋机器局	光绪二十四年	一元	890.664	109.336	0.7289		0.6492	0.0797	含金极微

（续表）

地区（企业）	年代	种类	每千分		每元重量	库平	库平	备考
			纯银	铜并杂质	库平	每枚含银	每枚含铜	
北洋	光绪二十三年	一元	890.000	110.000	0.7396	0.6582	0.0814	微含金
	光绪二十五年	半元	840.845	159.155	0.3615	0.3040	0.0575	
	光绪二十三年	二角	809.729	190.271	0.1409	0.1141	0.0268	
		一角	812.748	187.252	0.0715	0.0581	0.0134	
奉天机器局	光绪二十五年	一元	856.562	143.438	0.7247	0.6207	0.1040	
奉天	光绪二十九年	一元	844.526	155.474	0.7056	0.5959	0.1097	
东三省	光绪三十三年	一元	890.066	109.934	0.7199	0.6408	0.0791	微含金
		半元	890.064	109.936	0.3625	0.3226	0.0399	
		二角	890.064	109.936	0.1468	0.1307	0.0061	
		一角	893.088	106.912	0.0693	0.0619	0.0074	
吉林	光绪二十六年	一元	884.059	115.941	0.6988	0.6178	0.0810	含金极微
		一元	895.679	104.321	0.6977	0.6249	0.0728	
	光绪三十一年	二角	810.081	189.919	0.1414	0.1145	0.0269	
		一角	817.781	182.219	0.0695	0.0568	0.0127	
四川	光绪年间	一元	896.682	103.318	0.7179	0.6437	0.0742	微含金

（续表）

地区（企业）	年代	种类	每千分		每元重量		库平	库平	备考
			纯银	铜并杂质	库平	库平	每枚含银	每枚含铜	
安徽	光绪二十四年	一元	894.676	105.324	0.7239		0.6477	0.0762	含金极微
造币总厂	光绪年间	一元	904.527	95.473	0.7029		0.6521	0.0688	
		二角	804.671	175.329	0.1433		0.1182	0.0251	微含金
		一角	825.676	174.324	0.7025		0.0599	0.0126	

资料来源：张家骧：《中华币制史》第二编，民国大学1925年版，第10—12页。

表 10 流入银元重量成色表（据天津造币厂报告）

地名	年代	种类	每千分		每元重量		库平		备考
			纯银	铜并杂质	库平	库平	每枚含银	每枚含铜	
墨西哥		一元	901.824	98.176	0.7284		0.6569	0.0715	
		一元	904.706	95.294	0.7222		0.6534	0.0688	微含金
站人		一元	901.697	98.303	0.7215		0.6506	0.0709	
		一元	899.406	100.594	0.7220		0.6494	0.0726	
		一元	894.450	105.550	0.7243		0.6478	0.0764	
香港	英皇相	二十仙	795.960	204.040	0.1433		0.1141	0.0292	
		十仙	798.975	201.025	0.0715		0.0571	0.0143	
日本	明治三十七年	一元	897.465	102.535	0.7213		0.6473	0.0739	
	明治三十一年	五十钱	803.180	196.820	0.3583		0.2878	0.0705	
	明治三十七年	二十钱	796.965	203.035	0.1452		0.1156	0.0295	
	明治三十二年	十钱	796.965	203.035	0.0716		0.0571	0.0145	

资料来源：张家骧：《中华币制史》第二编，民国大学 1925 年版，第 16—17 页。

表 11　户部银行（大清银行）纸币发行数额表
（1905—1911）

年次	银两（单位：厘）	银元（单位：元）
光绪三十一年	537 294 580	
光绪三十二年	1 542 438 220	23 960 810
光绪三十三年	2 883 160 393	113 850 606
光绪三十四年	1 632 850 318	2 444 622 753
宣统元年	3 041 009 453	4 840 871 157
宣统二年	3 421 916 861	8 770 511 055
宣统三年闰六月底	5 438 910 759	12 459 907 898

资料来源：张家骧：《中华币制史》第二编，民国大学 1925 年版，第 120—124 页。

表12　中国银行、交通银行累年发行兑换券数额表
（1912—1924）

年别	中国银行兑换券流通数 （单位：元）	交通银行兑换券流通数 （民国五年以前单位：两； 民国六年起单位：元）
民国元年	1 061 636	793 558
民国二年	5 020 995	4 498 762
民国三年	16 398 178	5 957 627
民国四年	38 449 228	24 863 110
民国五年	46 437 234	21 297 891
民国六年	72 984 307	28 603 836
民国七年	52 170 299	35 144 563
民国八年	61 680 088	29 272 653
民国九年	66 884 103	39 170 192
民国十年	62 493 340	30 143 233
民国十一年	77 766 029	32 523 840
民国十二年	80 986 712	38 517 613
民国十三年	89 978 581	41 613 418

资料来源：张家骧：《中华币制史》第二编，民国大学1925年版，第133、147页。

表13 中国银行业历年纸币发行额统计表

(1921－1937)　　　　　　　　　　　　　(单位：元)

年别	纸币发行额	年别	纸币发行额
1921	95 948 965	1931	393 367 870
1922	114 975 436	1932	430 482 554 (451 590 418)
1923	140 489 048		
1924	151 470 874	1933	494 113 124 (535 190 932)
1925	205 006 026		
1926	228 962 163	1934	563 068 192 (622 522 223)
1927	262 164 410		
1928	308 818 375	1935	(867 984 374)
1929	350 236 497	1936	(1 633 106 095)
1930	412 968 588	1937.6	1 407 202 000

注：1. 本表数字取自1934—1937年间各期《全国银行年鉴》。
2. 1921—1934年间发行额，包括以上海为总行的中央、中国、交通、中国实业、中国通商、中国农工、中国垦业、浙江兴业、四明银行及四行联合准备库，这十大银行的发行数字，占全国纸币发行总额的80%以上。
3. 1932—1936年间括号内所列数字，除包括上列十大银行外，还包括一省市银行等在内。
4. 1937年6月的发行数字，只限于中央、中国、交通、中国农民银行四行。
资料来源：献可编著：《近百年来帝国主义在华银行发行纸币概况》，上海人民出版社1958年版，第59—60页。

表 14　历年外籍银行在华发行纸币综合估计表（1890—1936）

（单位：折合战前中国银币元）

年别	外籍银行在华发行纸币及外币在华流通额（元）	附注
1890—1900	13 446 991.40	包括英籍麦加利、汇丰两银行（1890年），法籍东方汇理银行及俄籍华俄道胜银行四家（1900年）
1910	35 370 279.50	包括同一时期的英籍麦加利、汇丰，美籍花旗，日籍正金，德籍德华，法籍东方汇理，比籍华比及俄籍华俄道胜银行八家
1912	43 948 359.80	包括英籍麦加利、汇丰，美籍花旗，日籍正金，德籍德华，比籍华比及俄籍华俄道胜银行七家
1916	65 344 657.20	包括英籍汇丰，美籍花旗，日籍正金、台湾及法籍东方汇理银行五家
1918	310 303 644.20	包括英籍汇丰、麦加利、有利，美籍花旗，日籍正金、朝鲜、台湾，荷籍荷兰，比籍华比，俄籍华俄道胜及帝俄国家银行十一家
1919	197 536 171.80	包括英籍汇丰、麦加利，美籍花旗，日籍正金、台湾、朝鲜，法籍东方汇理及比籍华比银行八家
1921	212 384 806.60	包括英籍汇丰、麦加利、有利，美籍花旗，日籍正金、台湾、朝鲜，法籍东方汇理，比籍华比及中外合办的中法实业、中华懋业、中华汇业、北洋保商银行十三家
1924	128 616 532.80	包括英籍麦加利、汇丰、有利，美籍花旗、美丰、友华，日籍正金、台湾、朝鲜及比籍华比银行十家
1925	323 251 228.46	包括英籍汇丰、麦加利，美籍花旗、友华、美丰，日籍正金、台湾、朝鲜，法籍东方汇理，比籍华比及中外合办的中华汇业、中华懋业、华俄道胜银行十三家

(续表)

年别	外籍银行在华发行纸币及外币在华流通额（元）	附注
1933	299 341 937.80	包括美籍花旗、美丰，日籍正金、台湾、朝鲜及法籍东方汇理银行六家
1934	222 755 453.40	包括日籍正金、台湾、朝鲜及法籍东方汇理银行四家
1935	322 016 195.20	包括英籍汇丰、麦加利、有利，日籍正金、台湾、朝鲜，法籍东方汇理，德籍德华，比籍华比及中外合办的北洋保商银行十家
1936	360 819 442.00	包括英籍汇丰、麦加利、有利，日籍正金、台湾、朝鲜，法籍东方汇理，及德籍德华银行八家

资料来源：献可编著：《近百年来帝国主义在华银行发行纸币概况》，上海人民出版社1958年版，第57—58页。

表 15　清末各地习用硬币名目调查表
（根据各省商会各省财政厅及各关税务司报告编制）

省区名	地名	商民习用之硬币	赋税所用之硬币	关税所用之硬币
京兆	北京	银两（公砝京足）北洋银元各处银角铜元（十文、二十文）制钱（较少）		
直隶	天津	银两（行化）余与北京同（各州县仍多用制钱）	厘金仍以银计，但折合银元加注单内以每元六钱五分为定例	津海新钞两关收关平白宝行平化宝及大小银元。行化一两五分合关平一两，银元新关按市价钞关一元
	秦皇岛			合关平六钱五分，一角合五分七厘，银元按市价，余与津关同
奉天	奉天	银两（沈平）、银角、铜元、无制钱	各项税捐以大银元计，商民实纳小洋以十二角折合一元	
	营口	银两（营平）、大小银元		新常两关以关平足纹计实纳营平现宝，关平一两合营平一两八分五厘，日本银元一元五角六分八厘折合关平一两，其余大小银元，均依市价
	大连	以日本银元为标准		日币合关平与营口同，余均依市价
	大东沟	银两（镇平）、银角		实纳镇平银一两八分五厘合关平一两，小洋依市价
	安东	同上		同上
吉林	长春	银两（吉平）、银角、铜元、无制钱	田赋已改征银元	

(续表)

省区名	地名	商民习用之硬币	赋税所用之硬币	关税所用之硬币
黑龙江	哈尔滨			以关平银折合俄国卢布，每三个月一定，哈关只收银币，至珲春、延吉两关除俄、日币外，唯有永衡官帖依市价折收
		银两（江平）	征税以银元计，用官价折收钱吊，即官帖	
山东	济南	银两（济平）、大小银元、铜元		
	烟台		田赋已改银元	东海新常关以漕平一两零六分五厘合关平银一两，常关兼收银、铜元，以市价合
山西	太原	晋省皆以制钱为本位，银两、大小银元、铜元，无制钱	田赋已改征银元	
江苏	江宁	银两（陵漕平）	苏属税率已改银元，宁属仍照向例列钱数由厅定价，折合银元征收	金陵关收银元以一元五角合关平一两，与镇江关同。苏关与沪关同
	苏州	与上海同		苏关与沪关同

(续表)

省区名	地名	商民习用之硬币	赋税所用之硬币	关税所用之硬币
江苏	上海	银两（漕平元宝），升九八规元，鹰洋、龙洋、银角、铜元、制钱		江海关平银一两合规元一两一钱一分四厘实纳，漕平元宝以九八升为规元，再合关平常关平银一两则合九八规平银一两三钱五分八厘；至大小银元、铜元均早晚以市价计
	镇江	银两（镇平）余与上海同		关平一两合镇平二七宝银一两零四分一厘六，合银元一元五角，铜元一百三十五串
安徽	安庆	大小银元、铜元、银两（漕平）	丁粮、厘金均以按原定税率统收为银元征解，畸零者按照市价折纳	关平一两合漕平二七银一两三分七厘七，近来商人通以银元纳税，以一元五角折合关平一两，米商亦有纳上海规元汇票者
	芜湖			
江西	南昌	银两（九三八平）、银角、铜元、制钱		
	九江		保商局及武穴分局等处已改征银元，二套口木税因系归还洋款，不能改征银元	二五色关平一两实纳二四色漕平银一两零四分三厘八，折纳鹰洋一元半，铜元按照一百枚折合银元一元，唯只以找换尾数，常关鹰洋一元合库色库平六钱八分四，江南、湖北银元合六钱八分二厘五，日本银元合六钱七分，北洋银元合六钱六分七厘

204

(续表)

省区名	地名	商民习用之硬币	赋税所用之硬币	关税所用之硬币
浙江	杭州	银两（司库平）、大小银元、铜元、制钱	向征银两者均改为一五合银元	关平一两合上海规元实纳，或合银元一元五角，铜元一百九十五枚，制钱一千五百文，唯只铜元、制钱均系零找
浙江	宁波			关平银一两合江平银一两零五分八厘三，唯市西现银甚少，商人完纳均纳现银元，按照足色江平银以上月市价平均折合为月定价
浙江	温州	墨洋。一、二角小洋、铜元		关平一两折收墨洋合大洋一元五角二分，小洋按时价合算
四川	成都	银两（九七平、钱平、沙平）、大小银元、铜元	田赋已改征银元	
四川	重庆			关平一两实纳九七平银一两零七分七厘五，不纳他种货币
广东	广州	银两（烂板花元大条按市平）、银角、银元、铜元、制钱	赋税已改照银元征收	关平一两实纳关平花银一两一钱二分，或九九七平花元银一两一钱二分八厘，花元银者即烂板银元，广车通用大银元因烂板太多，常用以两计，即关平一百两合大银元一百五十至一百七十不等
广东	九龙			关平一两实纳司码平银一两一钱一分二厘零六丝七，合香港银元一百五十五元一角

(续表)

省区名	地名	商民习用之硬币	赋税所用之硬币	关税所用之硬币
广东	琼州	银元		实纳银元一元合关平银六钱五分,制钱千六百三十文合关平银一两,
	北海	制钱、银元		实纳银元一元合关平银六钱四分九厘三毫五丝一忽
	潮州			关平一两实纳外国元一元五角四仙,惟角毫铜仙制有市价者仍依市价折算,常关以制钱一千六百文合关平一两
	江门			无印大洋一元合关平纹银六钱五分六毫六丝四忽二微
广西	桂林	银两、银元	赋税已改两为元	
	南宁	银毫、无大洋、铜元		关平纹银一两定为库平大洋一两一钱三分三厘,而实纳银毫每广毫一元抵库足七钱一分七厘二
	龙州	大洋、毫银、铜元		关平一两实纳大洋一元五角三分,如用毫银照市价补水,铜元一百十五枚合大洋一元,一百枚合毫银一元
	梧州	银两、大小银元		关平纹银一两合库平花银一两一钱三分,折合大银元一元五角六分九厘四

(续表)

省区名	地名	商民习用之硬币	赋税所用之硬币	关税所用之硬币
云南	云南	银两（商会平）、大小银元、铜元	丁粮仍以银两计，折合银元征解	
	蒙自			大银元一元合关平银六钱六分，关平一两折纳湖北、云南银元一元五角二分五厘一毫
	思茅			
	腾越			关平一两合足色腾平一两五分，银元依市价
贵州	贵阳	银两、银元		
福建	福州	银两（台新议平一〇三三洋平）银元、铜元		关平一两实纳银元一元五角三分八厘五毫，合福州新议平银一两一钱四分二厘七毫
	厦门	外国银元		日本、香港、新加坡银元每元合关平银七钱一分四厘二毫八丝六忽
湖北	武昌	银两（估平九八五平）大小银元、铜元	田赋厘金照旧收钱（钱票）	
	汉口	银两（洋例）		关平一两合洋例银一两零八分七厘五毫，银元一元五角二分至五分随市
	宜昌			价关平一两合宜平一两零九分六厘五毫，银元一元五角
	沙市			关平一两合沙平九九银一两六分九厘五毫，铜元依市价

(续表)

省区名	地名	商民习用之硬币	赋税所用之硬币	关税所用之硬币
湖南	长沙	湘平（四四或四二或三九库平）	田赋厘金均未改征银元	关平一两合长沙长平一两零六分七厘二毫四，光洋一元五角
	岳州	银元、铜元，无制钱		关平一两合银元一元五角
河南	开封	银两（二二库平汴平）	田赋未改征银元	
陕西	西安	银两、铜元、制钱、无小银元	赋税收银两	
甘肃	兰州	银两、铜元、制钱、无小银元	赋税征银两	
新疆	迪化	银两、红钱、铜元	赋税征银两	

资料来源：贾士毅：《民国财政史》第六编，《泉币》，商务印书馆 1917 年版，第 215—224 页。

表16 中国货币流通表（硬币）(1929)

省及都市		外国银元	中国银元	银角	铜元
安徽	蚌埠及其附近地方	鹰洋、站人洋、少数本洋（尤以蚌埠与宿州间为然）	孙中山银元、袁世凯银元、龙洋（大清、江南、湖北、广东、北洋）		十文铜元及少数二十文铜元
	芜湖、安庆及其附近都市	鹰洋、少数本洋（尤以庐州为然）	孙中山银元、袁世凯银元、龙洋（江南、湖北、广东、大清、北洋）	单银角、双银角	
浙江	杭州	鹰洋	孙中山银元、袁世凯银元及龙洋	双银角（以广东者为主要），少数单银角	十文铜元
	温州	鹰洋	孙中山银元、袁世凯银元、龙洋	单银角，双银角（广东、福建）	
福建	厦门	日元、站人洋、鹰洋	袁世凯银元、孙中山银元、少数龙洋	双银角（福建、广东）	十文铜元
	福州	鹰洋、日元	袁世凯银元、孙中山银元	单银角、双银角（袁世凯、广东），又有少数本地所铸之；一角二角大洋	十文铜元

(续表)

省及都市		外国银元	中国银元	银角	铜元
河南	全省之大部分地方	站人洋	袁世凯银元、孙中山银元、龙洋	几无银辅币	二十文铜元，少数十文铜元、在某某地方又有五十文铜元
河北	张家口	站人洋	孙中山银元、袁世凯银元、龙洋（北洋、大清）		二十铜元、少数十文铜元
	保定	站人洋	孙中山银元、袁世凯银元、龙洋（大清、造币、北洋、北洋机器厂）		二十文铜元，十文铜元则极少
	北平	站人洋	孙中山银元、袁世凯银元、龙洋（北洋、大清、造币、北洋机器厂）	单银角（嘉禾、湖北、江南）。双银角（龙凤、湖北、江南、袁世凯）	二十文铜元，十文铜元则极少
	石家庄	站人洋	孙中山银元、袁世凯银元、龙洋（造币、北洋、湖北）		二十文铜元，十文铜元则极少
	天津	站人洋	孙中山银元、袁世凯银元、龙洋	单银角。双银角（袁世凯、龙凤）	二十文铜元，十文铜元则极少

(续表)

省及都市		外国银元	中国银元	银角	铜元
湖南	长沙及全省大部分地方	鹰洋（数目极少，且常须贴水）	孙中山银元、袁世凯银元、龙洋（大清、湖北、江南）	除南部外，无银角流通	二十文铜元。有若干五十文、一百文及二百文铜元，尤以西北部为然
湖北	汉口	鹰洋（数目极少，且常须贴水）	孙中山银元、袁世凯银元、龙洋		二十文铜元
	沙市及宜昌		孙中山银元、袁世凯银元、龙洋（湖北）		二十文铜元，五十文铜元及少数十文铜元
	汉水流域（自襄阳以至陕西之汉中）		袁世凯银元、孙中山银元（仅若干城中有之）、龙洋		二十文及五十文铜元，一百文铜元、二百文铜元，少数十文铜元，但同一城市内并非各类俱备
甘肃	全省东部	站人洋	袁世凯银元、龙洋（北洋）	单角、双角，但流通之数目极少	十文铜元，二十文铜元，及少数五十文、一百文铜元
江西	九江	日元、鹰洋（均微贴水，且不普通）	孙中山银元、袁世凯银元、龙洋		十文铜元，二十文铜元则极少
	南昌	日元、鹰洋、站人（均微贴水，且不普通）	孙中山银元、袁世凯银元、龙洋		十文铜元，二十文铜元则极少

(续表)

省及都市		外国银元	中国银元	银角	铜元
江苏	镇江	鹰洋	孙中山银元、袁世凯银元、龙洋（湖北、广东、大清）	双银角（广东），单银角则极少	十文铜元
	南京	鹰洋	孙中山银元、袁世凯银元、龙洋（江南、湖北、北洋）	双银角（广东、江南、湖北、北洋）。单银角则极少	十文铜元
	上海	鹰洋	袁世凯银元、龙洋（江南、湖北、广东、大清）	双银角（广东），单银角则极少	十文铜元
	苏州	鹰洋	孙中山银元，袁世凯银元、龙洋	双银角（广东）	十文铜元
广西	南宁	流通中银元极少		双银角（广东、广西）	十文铜元
	梧州	流通中银元极少，仅有若干站人洋、鹰洋、西贡洋及袁世凯银元		双银角（广东、广西）	十文铜元
广东	广州及除汕头以外各地	流通中银元极少，唯北海地方有若干袁世凯银元及西贡洋		单银角、双银角（双银角为广东之货币单位）	十文铜元
	汕头	流通中中国银元颇为有限，有日元、站人洋、鹰洋、袁世凯银元及孙中山银元		单银角、双银角	十文铜元
贵州	全省之大部分地方		袁世凯银元、龙洋	双银角、少数半元银角	十文铜元，有若干较大铜元

(续表)

省及都市		外国银元	中国银元	银角	铜元
山西	太原及全省大部分地方	站人洋	袁世凯银元、孙中山银元、龙洋		二十文铜元，十文铜元则极少
山东	济南	站人洋	袁世凯银元、孙中山银元、龙洋（北洋）		二十文铜元、少数十文铜元及较大铜元
	青岛	站人洋	袁世凯银元、孙中山银元		二十文铜元及少数十文铜元
陕西	全省	站人洋	袁世凯银元、孙中山银元、龙洋	有单银角、双银角及半元银角，唯数目极少	二十文铜元及若干他种铜元
四川	简州		袁世凯银元、孙中山银元、龙洋（四川）		一百文铜元
	成都		龙洋（四川大清）、少数袁世凯银元	半元银角（四川、云南）	一百文铜元、二百文铜元
	重庆		孙中山银元、袁世凯银元、龙洋（四川大清）	半元银角（四川）	一百文铜元、二百文铜元
	江津		袁世凯银元、龙洋（四川）	单银角、半元银角	二百文铜元
	泸州		袁世凯银元、龙洋（四川）	若干银辅币	一百文铜元、二百文铜元

(续表)

省及都市		外国银元	中国银元	银角	铜元
云南	昆明		流通中之银元颇为有限，有西贡洋、袁世凯银元、孙中山银元及龙洋	银辅币极少，有若干本地所铸之镍辅币	十文铜元及少数二十文铜元、五十文铜元，流通不多
黑龙江	全省		流通中无银元，唯银行中有若干		
吉林	长春、哈尔滨、吉林				有十文铜元及二十文铜元，唯数目极少
辽宁	大连		袁世凯银元，唯数目极有限	数目极少	有十文铜元，唯数目极少
	沈阳		袁世凯银元及孙中山银元，唯数目极有限		
绥远	归化	站人洋	袁世凯银元、龙洋（北洋）、孙中山银元		近年已绝迹

资料来源：财政部甘末尔设计委员会：《中国逐渐采行金本位币制法草案》附录丙，银行周报社，1930年版。

表 17　纸币流通表（1929）

省及都市		纸币发行机关				
		中央银行	省银行及官钱局	其他本国银行	外国银行	他种纸币发行机关
安徽	蚌埠及其附近诸地	有		中国银行、交通银行		
	芜湖、安庆及附近诸地	有		中国银行、交通银行		
浙江	杭州	有		中国银行、交通银行、兴业银行、四明银行、中南银行		
	湖州	有		中国银行、交通银行		
	温州			中国银行、温州商业银行、四明银行		
福建	厦门			中国银行、中南银行	美丰银行	有钱庄颇多，其纸币仅可在福州流通
	福州	有		中国银行、中南银行	美丰银行	
河南	郑州		西北银行、河南农工银行	中国银行		
河北	张家口		山西省银行（贴水百分之五）	中国银行、交通银行		本地票虽出有铜元票
	保定		山西省银行（贴水百分之五）	中国银行、交通银行		
	北平		平市官钱局（铜元票）	中国银行、交通银行、中南银行	天津各外国银行	

(续表)

省及都市		纸币发行机关				
		中央银行	省银行及官钱局	其他本国银行	外国银行	他种纸币发行机关
河北	石家庄		山西省银行（常贴水百分之五,唯最近已按照市价）	中国银行、交通银行		
	天津	流通极少	山西省银行	中国银行、交通银行、中南银行	花旗银行、麦加利银行、华北银行、汇丰银行	
湖南	长沙	有		中国银行、交通银行、中南银行（发行上海用之纸币）	汇丰银行、花旗银行、麦加利银行（上海及汉口纸币）	湖南电灯厂（辅币）
湖北	汉口及全省之大部分地方	有		中国银行、交通银行	汇丰银行、花旗银行、麦加利银行（上海及汉口纸币）	在内地地方商店及商会发行有铜元票
甘肃（未有报告）						
江西	九江	有		中国银行、交通银行,所有上海纸币皆收受,唯稍有贴水		钱庄及商会发行有铜元票
	南昌	有		中国银行、交通银行、中南银行		

(续表)

省及都市		纸币发行机关				
		中央银行	省银行及官钱局	其他本国银行	外国银行	他种纸币发行机关
江苏	镇江	有		中国银行、交通银行、四明银行		
	南京	有		中国银行、交通银行、四明银行		
	上海	有		中国银行、交通银行、中南银行、浙江兴业银行、中国实业银行、中国通商银行	麦加利银行、花旗银行、汇丰银行、有利银行、美丰银行	
	苏州	有		所有上海各银行之纸币皆通用		
广西	南宁及全省之大部分地方		广西省银行（跌价颇甚）		香港各银行、汇理银行	
	梧州		广西省银行（跌价颇甚）		香港各银行	
广东	广州及除汕头以外各地方		广东中央银行（用银角兑现），广州市银行（银角票，唯在广州流通）		香港各银行	
	汕头及其附近地方		广东中央银行（用银角兑现）			有钱庄颇多

(续表)

省及都市		纸币发行机关				
		中央银行	省银行及官钱局	其他本国银行	外国银行	他种纸币发行机关
贵州	全省之大部分地方			中国银行（贴水百分之五）		
山西	太原		山西省银行（约贴水百分之五）	中国银行		
山东	济南	有		中国银行、交通银行		电灯公司及若干工厂
	青岛	数目极少		中国银行、交通银行	横滨正金银行	
	济宁			中国银行、交通银行		
陕西	全省		西北银行	中国银行		富泰官钱局（铜元票）
四川	成都		各种纸币均甚稀少	中国银行（有极少之纸币流通）、成和银行（音译）		
	重庆			中国银行	美丰银行	
云南	昆明		云南省银行（跌价颇甚）	个碧铁路公司（纸币跌价颇甚）	汇理银行	
黑龙江	全省。哈尔滨银元票之流通以沿中东铁路一带为主，黑龙江钱票之流通，则以农村区域为主		黑龙江官银号及东三省官银号之哈尔滨银元票（约当面值百分之七十），黑龙江省银行钱票（跌价颇甚）	中国银行、交通银行之哈尔滨银元票（约当面值百分之七十）		

(续表)

省及都市		纸币发行机关				
		中央银行	省银行及官钱局	其他本国银行	外国银行	他种纸币发行机关
吉林		长春、哈尔滨银元票之流通以沿中东铁路一带为主；吉林钱票则以农村为主	东三省官银号哈尔滨银元票（约当面值百分之七十），吉林官银钱号钱票（跌价颇甚）	中国银行、交通银行	朝鲜银行之金圆票，横滨正金银行之银元票	
	哈尔滨		东三省官银号、黑龙江官银号、哈尔滨官银号（约当面值百分之七十）、吉林省官银号钱票（跌价颇甚）	中国银行、交通银行	朝鲜银行之金圆票，横滨正金银行之银元票	
	吉林		吉林省官银号钱票（跌价颇甚）及银元票（约当面值百分之七十）			
辽宁	大连				朝鲜银行之金圆票、横滨正金银行之银元票	

(续表)

省及都市	纸币发行机关				
	中央银行	省银行及官钱局	其他本国银行	外国银行	他种纸币发行机关
辽宁 沈阳及全省大部分地方		东三省官银号之奉票（跌价颇甚）、公济银行（译音）铜元票	中国银行、交通银行之奉票（跌价颇甚）	朝鲜银行之金圆票、横滨正金银行之银元票，此等纸币之流通，以沿南海铁路一带为主要	
绥远（未有报告）					

注：1. 表中所列有纸币流通之中外银行，并未搜罗无遗，但其纸币流通额最大者则均列入。

2. 据上海辞书出版社《古今地名大辞典》第 2165 页"哈尔滨"条：乾隆二十一年（1756）属吉林将军，光绪三十二年（1906）属滨江厅，1913 年属吉林省滨江道，1954 年为黑龙江省省会。

资料来源：财政部甘末尔设计委员会：《中国逐渐采行金本位币制法草案》附录丁，银行周报社 1930 年版。

表 18 历年伦敦银价高低比较表
（1871—1937） （每盎司银价单位：便士）

年份	最高价	最低价	平均价	年份	最高价	最低价	平均价
1871	61	$60\frac{3}{16}$	$60\frac{1}{2}$	1887	$47\frac{1}{8}$	$43\frac{1}{4}$	$44\frac{11}{16}$
1872	$61\frac{1}{8}$	59	$60\frac{5}{16}$	1888	$44\frac{9}{16}$	$41\frac{5}{8}$	$42\frac{7}{8}$
1873	$59\frac{15}{16}$	$57\frac{7}{8}$	$59\frac{3}{16}$	1889	$44\frac{3}{8}$	$41\frac{5}{16}$	$42\frac{11}{16}$
1874	$59\frac{1}{2}$	$57\frac{1}{4}$	$58\frac{5}{16}$	1890	$54\frac{5}{8}$	$43\frac{5}{8}$	$47\frac{3}{4}$
1875	$57\frac{5}{8}$	$55\frac{1}{2}$	$56\frac{11}{16}$	1891	$48\frac{3}{4}$	$43\frac{1}{2}$	$45\frac{11}{16}$
1876	$58\frac{1}{2}$	$46\frac{3}{4}$	$53\frac{1}{8}$	1892	$43\frac{3}{4}$	$37\frac{7}{8}$	$39\frac{3}{8}$
1877	$58\frac{1}{4}$	$53\frac{1}{4}$	$54\frac{3}{16}$	1893	$38\frac{3}{4}$	$30\frac{1}{2}$	$35\frac{9}{16}$
1878	$55\frac{1}{4}$	$49\frac{1}{2}$	$52\frac{5}{8}$	1894	$31\frac{3}{4}$	27	$28\frac{5}{16}$
1879	$53\frac{3}{4}$	$48\frac{7}{8}$	$51\frac{1}{4}$	1895	$31\frac{3}{8}$	$27\frac{3}{16}$	$29\frac{13}{16}$
1880	$52\frac{13}{16}$	$51\frac{1}{2}$	$52\frac{1}{4}$	1896	$31\frac{5}{16}$	$29\frac{3}{4}$	$30\frac{3}{16}$
1881	$52\frac{7}{8}$	$50\frac{7}{8}$	$51\frac{5}{8}$	1897	$29\frac{13}{16}$	$23\frac{5}{8}$	$27\frac{9}{16}$
1882	$52\frac{3}{8}$	50	$51\frac{13}{16}$	1898	$28\frac{3}{8}$	25	$26\frac{15}{16}$
1883	$51\frac{3}{16}$	$50\frac{1}{16}$	$50\frac{9}{16}$	1899	29	$26\frac{5}{8}$	$27\frac{7}{16}$
1884	$51\frac{3}{8}$	$49\frac{1}{2}$	$50\frac{3}{16}$	1900	$30\frac{1}{4}$	27	$28\frac{5}{16}$
1885	50	$46\frac{7}{8}$	$48\frac{9}{16}$	1901	$29\frac{9}{16}$	$24\frac{15}{16}$	$27\frac{3}{16}$
1886	47	42	$45\frac{3}{8}$	1902	$26\frac{1}{16}$	$21\frac{1}{16}$	$24\frac{1}{16}$

(续表)

年份	最高价	最低价	平均价	年份	最高价	最低价	平均价
1903	$28\frac{1}{2}$	$21\frac{13}{16}$	$24\frac{3}{4}$	1921	$43\frac{3}{8}$	$30\frac{5}{8}$	$36\frac{7}{9}$
1904	$28\frac{9}{16}$	$24\frac{7}{16}$	$26\frac{3}{8}$	1922	$37\frac{5}{8}$	$30\frac{3}{8}$	$34\frac{7}{16}$
1905	$30\frac{5}{16}$	$25\frac{5}{16}$	$27\frac{13}{16}$	1923	$33\frac{11}{16}$	30	$31\frac{15}{16}$
1906	$33\frac{1}{8}$	29	$30\frac{7}{8}$	1924	36	$31\frac{1}{2}$	34
1907	$32\frac{7}{16}$	$24\frac{3}{16}$	$30\frac{3}{16}$	1925	$33\frac{7}{16}$	$31\frac{1}{16}$	$32\frac{1}{8}$
1908	27	22	$24\frac{3}{8}$	1926	$31\frac{13}{16}$	$24\frac{1}{8}$	$28\frac{11}{16}$
1909	$24\frac{7}{8}$	$23\frac{1}{16}$	$23\frac{11}{16}$	1927	28	$24\frac{3}{4}$	26
1910	$26\frac{1}{4}$	$23\frac{3}{16}$	$24\frac{5}{8}$	1928	$28\frac{9}{16}$	$26\frac{1}{16}$	$26\frac{7}{8}$
1911	$26\frac{1}{8}$	$23\frac{11}{16}$	$24\frac{9}{16}$	1929	$26\frac{5}{8}$	$21\frac{5}{16}$	
1912	$29\frac{11}{16}$	$25\frac{1}{8}$	$28\frac{9}{16}$	1930	$21\frac{5}{8}$	$15\frac{1}{4}$	
1913	$29\frac{3}{8}$	$26\frac{1}{16}$	$27\frac{9}{16}$	1931	$20\frac{7}{16}$	$12\frac{1}{8}$	
1914	$27\frac{3}{4}$	$22\frac{1}{8}$	$25\frac{5}{16}$	1932	$20\frac{3}{8}$	$16\frac{3}{8}$	
1915	$27\frac{1}{4}$	$22\frac{5}{16}$	$23\frac{11}{16}$	1933	$20\frac{1}{2}$	$16\frac{5}{8}$	
1916	$37\frac{1}{8}$	$26\frac{11}{16}$	$31\frac{5}{16}$	1934	$25\frac{1}{4}$	$18\frac{3}{16}$	
1917	55	$35\frac{11}{16}$	$40\frac{7}{8}$	1935	$36\frac{1}{4}$	$24\frac{5}{16}$	
1918	$49\frac{1}{2}$	$42\frac{1}{2}$	$47\frac{9}{16}$	1936	$22\frac{3}{8}$	$19\frac{3}{4}$	
1919	$79\frac{1}{8}$	$47\frac{3}{4}$	$57\frac{1}{16}$	1937（1—6月）	$20\frac{1}{2}$	$20\frac{5}{16}$	
1920	$89\frac{1}{2}$	$38\frac{7}{16}$	$61\frac{1}{2}$				

资料来源：《金贵银贱问题丛刊》，工商部工商访问局 1930 年编印，第 18—21 页；《民国经济史》，银行学会 1948 年编印，第 127 页。

表 19　历年上海国外汇兑市价表

（1917—1937）

年别		伦敦（1917 年至 1932 年为规银一两合先令，1933 年起为国币每元合先令）		纽约（1917 年至 1932 年为规银百两合美元，1933 年起为国币百元合美元）	
1917		4/4.50	3/3.25	—	—
1918		5/6	4/2.50	—	—
1919		7/4	4/6	—	—
1920		9/0	3/11	—	—
1921		4/2	2/11	—	—
1922		3/7.50	3/0	80.50	69.50
1923		3/4	3/0	74.00	68.00
1924		3/5.75	3/1.25	78.00	68.50
1925		3/3.25	3/0.25	79.25	72.25
1926		2/9.562 5		67.937 0	
1927		2/6.250 0		61.375 0	
1928		2/7.375 0		63.625 0	
1929		2/4.562 5		57.750 0	
1930		1/8.375 0		41.312 5	
1931		1/4.437 5		30.500 0	
1932		1/8.875 0		30.437 5	
1933		1/2.828 0		26.055 0	
1934	6 月	1/3.500 0		32.625 0	
	12 月	1/4.340 0		33.700 0	
1935	6 月	1/7.020 0		40.351 0	
	12 月	1/2.375 0		29.500 0	
1936	6 月	1/2.375 0		29.750 0	
	12 月	1/2.469 0	1/2.375 0	29.500 0	29.375 0
1937	6 月	1/2.315 0		29.315 0	

注：1917—1925 年及 1936 年 12 月为最高、最低价，余均为平均价。
资料来源：《民国经济史》，银行学会 1948 年编印，第 521—522 页。

表 20 中国贸易与白银出入统计表（1926—1935）

（商品单位：国币千元；白银单位：国币一元）

年份	输入		输出		总值		出超（+）或入超（−）	
	商品	白银	商品	白银	商品	白银	商品	白银
1926	1 751 537	122 740 891	1 346 571	39 849 559	3 098 108	162 590 450	404 966（−）	82 891 332（−）
1927	1 578 147	127 583 362	1 431 209	26 182 492	3 009 358	153 764 854	46 938（−）	101 399 870（−）
1928	1 863 320	173 969 821	1 544 531	8 205 327	3 407 851	182 175 148	318 789（−）	165 764 494（−）
1929	1 972 083	189 187 183	1 582 441	24 310 312	3 554 524	213 497 495	389 642（−）	164 876 871（−）
1930	2 040 599	159 788 398	1 394 166	55 393 177	3 434 765	215 181 575	646 433（−）	104 395 221（−）
1931	2 233 376	118 233 016	1 416 963	47 429 681	3 650 339	165 662 697	816 413（−）	70 803 335（−）
1932	1 634 726	96 538 889	767 535	106 933 954	2 402 261	203 472 843	867 191（−）	10 395 065（+）
1933	1 345 567	80 432 474	611 828	94 854 914	1 957 395	175 287 388	733 739（−）	14 422 440（+）
1934	1 029 665	7 414 009	535 214	267 355 432	1 564 879	274 769 441	494 451（−）	259 941 423（+）
1935	918 850	10 204 074	575 809	70 394 397	1 494 659	80 598 471	343 041（−）	60 190 323（+）

资料来源：周伯棣编：《白银问题与中国货币政策》，中华书局 1936 年版，第 23 页。

表 21　法币发行统计（1935.11—1948.8）

年月		法币发行额（单位：亿元）	指数 1937,6月=1	年月		法币发行额（单位：10亿元）	指数 1937,6月=1
1935	11月3日	0.457		1942	6月	24.9	17.65
	12月	0.673			12月	34.4	24.40
1936	6月	0.948		1943	6月	49.9	35.38
	12月	1.242			12月	75.4	53.46
1937	6月	1.41	1.00	1944	6月	122.8	87.07
	12月	1.64	1.16		12月	189.5	134.36
1938	6月	1.73	1.23	1945	6月	397.8	282.04
	12月	2.31	1.64		12月	1 031.9	731.62
1939	6月	2.70	1.91	1946	6月	2 112.5	1 497.76
	12月	4.29	3.04		12月	3 726.1	2 641.80
1940	6月	6.06	4.30	1947	6月	9 935.1	7 096.53
	12月	7.87	5.58		12月	33 188.5	23 537.04
1941	6月	10.7	7.59	1948	6月	196 520.3	139 376.09
	12月	15.1	10.71		8月21日	663 694.6	

注：以上发行原始数字资料，取材于国民党政府中央银行发行局的内部资料，其中一部分虽经公开发表过，不完全相符者，已经过逐月核对，予以校正。

资料来源：杨寿标：《中国财政统计大纲》，中华书局1946年版，第39页；吴冈：《旧中国通货膨胀史料》，上海人民出版社1958年版，第92—96页。

表22 金圆券发行统计（1948.8—1949.4）

年月	金圆券发行额（单位：10亿元）	环比	指数（1948年8月31日=1）
1948年8月31日	0.544	1.00	1.00
1948年9月	1.202	2.21	2.21
1948年10月	1.850	1.54	3.40
1948年11月	3.394	1.83	6.24
1948年12月	8.320	2.45	15.29
1949年1月	20.822	2.50	38.28
1949年2月	59.644	2.87	109.68
1949年3月	196.060	2.29	360.40
1949年4月	5 161.240	26.32	9 487.57

注：以上发行原始数字资料是根据国民党政府中央银行发行局的内部资料计算的。
资料来源：吴冈编：《旧中国通货膨胀史料》，上海人民出版社1958年版，第122页。

表23 1927—1947国民党政府的财政支出

(单位：千元)

年别	总支出	军费支出	占总支出的%	特别支出	占总支出的%
1927	189 206	145 028	76.65	—	—
1928	297 528	127 729	42.93	—	—
1929	465 250	254 372	54.67	—	—
1930	633 737	322 146	50.83	—	—
1931	571 967	302 619	52.91	—	—
1932	589 110	338 658	57.49	—	—
1933	872 664	385 785	44.21	—	—
1934	1 203 583	386 591	32.12	—	—
1935	1 336 921	362 030	27.08	—	—
1936	1 893 977	555 226	29.32	—	—
1937	2 091 324	1 387 559	66.35	—	—
1938	1 168 653	698 001	59.73	—	—
1939	2 797 018	1 536 598	54.94	64 164	2.29
1940	5 287 756	3 773 367	71.36	138 562	2.62
1941	10 003 320	4 880 835	48.79	260 464	2.60
1942	24 459 178	11 347 007	46.39	738 306	3.02
1943	54 710 905	22 961 267	41.97	7 228 675	13.21
1944	151 766 892	55 318 967	36.45	28 751 009	18.94
1945	1 276 617 557	421 297 013	33.00	489 387 718	38.33
1946	7 215 902 549	2 712 461 664	37.59	1 213 170 618	16.81
1947	40 910 279 069	18 374 940 354	44.92	6 087 701 695	14.88

注：以上资料是根据中央银行经济研究处所收集的资料整理。"特别支出"是指根据蒋介石的"手谕"从中央银行支出的款项。

资料来源：吴冈编：《旧中国通货膨胀史料》，上海人民出版社1958年版，第153页。

表24 上海、重庆基要商品趸售物价指数（1930—1949）

(1937年1—6月=1)

日期		上海物价指数	重庆物价指数	日期		上海物价指数	重庆物价指数
1930年		1.09		1943年	12月	176.02	200.33
1931年		0.94		1944年	6月	575.74	544.70
1932年		1.04			12月	2 509.71	548.60
1933年		0.84		1945年	6月	32 300.56	1 553.00
1934年		0.89			8月	86 400.00	1 795.00
1935年		0.95			9月	345.99	1 226.00
1936年		1.05			12月	885.44	1 404.48
1937年	6月	0.99	(1937年7月) 0.97	1946年	6月	3 723.75	1 716.45
	12月	1.24	0.98		12月	5 713.13	2 687.63
1938年	6月	1.09	1.03	1947年	6月	29 931.0	9 253.40
	12月	1.15	1.04		12月	83 796.0	40 107.00
1939年	6月	1.52	1.20	1948年	6月	884 800.0	455 080.00
	12月	3.08	1.77		8月	4 927 000.0a 1.64b	1 551 000.00a 0.52b
1940年	6月	4.59	3.36		12月	35.54	10.16
	12月	6.53	10.94	1949年	1月	128.76	28.07
1941年	6月	8.91	17.26		2月	897.78	162.23
	12月	15.98	28.48		3月	4 053.2	976.05
1942年	6月	26.76	41.62		4月	83 820.0	18 231.00
	12月	49.29	57.41		5月 第1周	2 102 000.0	456 100.00
1943年	6月	73.68	112.50S				

注：以上资料系根据《中央银行月报》发表的资料，以及中央银行经济研究处的内部资料。1948年8月19日国民党政府实行金圆券改革，a是金圆券发行前夕的统计，b是金圆券发行后的统计。

资料来源：吴冈编：《旧中国通货膨胀史料》，上海人民出版社1958年版，第154—163、165—173页。

表 25 上海、重庆美钞与黄金的黑市价格（1938—1949）

日期		上海				重庆	
		每元美钞所值元数	指数 1937, 1-6=1	十市两黄金所值元数	指数 1937, 1-6=1	每元美钞所值元数	十市两黄金所值元数
1938年	1月	—	—	1 140	0.98		
	4月	3.755	1.13	1 142	0.98		
	12月	6.160	1.85	1 999	1.71		
1939年	6月	7.162	2.15	2 445	2.10		
	12月	13.275	3.98	4 136	3.55		
1940年	6月	17.65	5.30	5 645	4.81		
	12月	17.71	5.31	6 022	5.17		
1941年	6月	18.31	5.49	6 415.92	5.50		
	12月	22.60	6.78	13 249.50	11.36	—	（1942, 1月）2 450.00
1942年	6月	33.50	10.05	22 091.00	18.95	—	（1942, 6月）3 350.00
	12月	—	—	31 461.50	26.98	（1943, 1月）45.00	（1942, 12月）5 100.00
1943年	6月	—	—	54 304.00	46.58	58.88	6 933.00
	12月	—	—	—	—	85.40	13 849.60

（续表）

日期		上海			重庆		
		每元美钞所值元数	指数1937, 1-6=1	十市两黄金所值元数	指数1937, 1-6=1	每元美钞所值元数	十市两黄金所值元数
1944年	6月	—	—	209 666.67	179.83	192.00	19 500.00
	12月	885.56	265.70	730 571.00	626.60	542.20	35 132.10
1945年	5月	12 218.50	3 665.00	9 626 538.46	8 257.00	778.70	80 919.90
	6月	25 040.00	7 512.00	—	—	1 381.30	120 348.90
	8月	120 800.00	36 240	—	—	1 754.00	111 423.80
	9月	121 318.00	36 395	—	—	968.10	66 727.60
	10月	932.31	279.7	574 700.00	493.0	1 334.00	83 750.80
	12月	1 213.04	363.9	731 374.00	627.3	1 354.00	84 770.80
1946年	6月	2 578	773.4	1 899 792	1.629	2 625.00	197 648.00
	12月	5 910	1 773	3 167 600	2.717	5 787.00	332 272.00
1947年	6月	32 826	11 048	19 182 550	16 453	35 900	1 795 625.00
	12月	149 615	44 885	85 000 000	72 905	154 500	9 258 077.00

（续表）

日期		上海				重庆	
		每元美钞所值元数	指数 1937, 1-6=1	十市两黄金所值元数	指数 1937, 1-6=1	每元美钞所值元数	十市两黄金所值元数
1948年	6月	2 252 917	675 875	1 119 600 000	960 288	1 453 333	112 832 900
	8月 a	11 088 000	3 326 400	5 396 000 000	4 628 184	—	437 695 652
	8月 b	3.70	1.11	1 799	1.54	—	146
	12月	75.69	22.71	38 354	32.90	—	3 788
1949年	1月	289.00	86.70	159 591	136.9	—	15 238
	2月	1 854.00	556.20	967 500	829.8	—	94 250
	3月	8 897.00	2 669	4 397 692	3 772	—	477 115
	4月	734 873	220 462	353 839 600	303 490	—	15 710 400
	5月第一周	4 833 333	1 450 000	2 433 333 333	2 087 086	—	203 750 000

注：1937年年底以前没有黑市，在全面抗战时期，重庆是最重要的市场，胜利后上海是最重要的市场。这里引用的金、钞黑市行情，是根据国民政府中央银行经济研究处的内部资料。a 是金圆券发行前的数字，b 是金圆券发行后的数字。

资料来源：吴冈编：《旧中国通货膨胀史料》，上海人民出版社1958年版，第141—151页。

表26 历年开设银行年别统计（1896—1937）

年度	设立银行数	现已停业数	现存数	年度	设立银行数	现已停业数	现存数
光绪廿二年	1		1	民国十一年	27	19	8
光绪廿八年	1	1		民国十二年	25	20	5
光绪卅一年	1	1		民国十三年	7	5	2
光绪卅二年	2	2		民国十四年	9	7	2
光绪卅三年	3		3	民国十五年	7	7	
光绪卅四年	4	3	1	民国十六年	2	1	1
宣统元年	1	1		民国十七年	16	5	11
宣统二年	1		1	民国十八年	11	3	8
宣统三年	3	2	1	民国十九年	18	6	12
民国元年	14	10	4	民国二十年	16	6	10
民国二年	2	1	1	民国廿一年	13	4	9
民国三年	3	1	2	民国廿二年	15	3	12
民国四年	7	5	2	民国廿三年	22	4	18
民国五年	4	3	1	民国廿四年	18		18
民国六年	10	9	1	民国廿五年	5		5
民国七年	10	6	4	民国廿六年	3		3
民国八年	16	9	7	年月不明者	50	50	
民国九年	16	14	2	合计	390	226	164
民国十年	27	18	9				

资料来源：《民国经济史》，银行学会1948年编印，第29—31页。

附录 金融统计

表27 历年全国银行类别表（1921—1946部分年份）

	1921年12月		1934年3月		1935年3月		1936年6月		1937年6月		1946年12月	
	总行数	分支行数	总行数	分支行数	总行数	分支行数	总行数	分支行数	总行数	分支行数	总行数	分支行数
国营银行	2	131	3	252	3	324	4	390	4	491	6	846
省营银行	4	20	15	198	16	262	22	328	26	464	25	1 064
市营银行	—	—	5	8	5	10	3	3			356	175
商业银行	34	54	76	282	78	376	74	362				
储蓄银行	7	13	4	10	5	17	6	21	73	408	187	985
实业银行	4	17	7	38	8	65	6	50				
农工银行	7	6	13	28	22	55	25	97	36	173		
专业银行	6	15	13	33	12	41	15	51	15	56		
华侨银行	6	17	10	43	10	38	9	30	10	35		
合计	70	273	146	892	159	1 188	164	1 332	164	1 627	574	3 070

资料来源：《民国经济史》，银行学会1948年编印，第495页。

表 28 历年全国银行业实收资本额统计表
(1921—1937, 1946) (单位: 千元)

时期	国家银行	省市立银行	商业银行	储蓄银行	农工银行	专业银行	华侨银行	合计
1921	25 779(2家)	600(1家)	35 885(14家)	1 250(1家)	2 791(2家)	3 500(1家)	25 755(3家)	95 510(24家)
1922	27 339(2家)	600(1家)	37 085(14家)	1 250(1家)	3 106(2家)	5 000(1家)	27 617(3家)	101 997(24家)
1923	27 451(2家)	600(1家)	39 994(14家)	2 852(2家)	3 440(2家)	5 500(1家)	27 692(3家)	107 529(25家)
1924	27 471(2家)	600(1家)	43 623(14家)	2 860(2家)	3 519(2家)	6 000(1家)	28 646(3家)	112 719(25家)
1925	27 473(2家)	600(1家)	44 483(14家)	3 000(2家)	3 649(2家)	6 500(1家)	28 433(3家)	114 065(25家)
1926	27 474(2家)	600(1家)	45 126(14家)	3 000(2家)	3 899(2家)	7 000(1家)	27 898(3家)	114 997(25家)
1927	27 475(2家)	600(1家)	46 676(14家)	3 000(2家)	3 899(2家)	7 500(1家)	27 900(3家)	117 050(25家)
1928	53 425(3家)	600(1家)	47 716(15家)	3 000(2家)	4 019(2家)	7 500(1家)	27 900(3家)	144 160(27家)
1929	53 425(3家)	600(1家)	48 181(15家)	3 000(2家)	5 919(2家)	10 000(2家)	27 900(3家)	149 025(28家)
1930	53 427(3家)	600(1家)	49 062(15家)	3 000(2家)	6 209(2家)	10 000(2家)	27 900(3家)	150 198(28家)
1931	53 428(3家)	700(1家)	54 268(15家)	3 000(2家)	6 489(2家)	10 000(2家)	27 900(3家)	155 798(28家)

附　录
金融统计

（续表）

时期	国家银行	省市立银行	商业银行	储蓄银行	农工银行	专业银行	华侨银行	合计
1932	53 427（3家）	37 078（19家）	57 781（48家）	3 440（5家）	17 735（18家）	19 840（14家）	25 599（6家）	214 900（113家）
1933	53 428（3家）	42 056（20家）	65 644（54家）	3 492（6家）	22 244（22家）	18 373（14家）	45 599（7家）	250 835（126家）
1934	133 716（3家）	32 085（20家）	72 090（76家）	3 500（4家）	26 373（20家）	18 550（13家）	47 877（10家）	334 190（146家）
1935	159 716（3家）	37 161（21家）	74 619（78家）	2 501（5家）	28 701（30家）	18 458（12家）	47 310（10家）	368 465（159家）
1936	159 716（4家）	54 989（25家）	79 079（74家）	3 501（6家）	33 388（31家）	19 539（15家）	50 284（9家）	400 496（164家）
1937	167 500（4家）	76 884（26家）	83 248（包括商业及储蓄银行73家）		29 487（35家）	19 539（15家）	57 645（9家）	434 302（162家）
1946（上海）	330 000（5家）	170 000（4家）	4 799 500（包括商业、储蓄、农工、专业四种银行107家）				7 500（国币） 7 762（港币） 5 713（比索） （4家）	5 307 000（国币） 7 762（港币） 5 713（比索） （120家）

资料来源：《民国经济史》，银行学会1948年编印，第508页。

表29　历年全国银行业存款统计表（1921—1947）

(本表数字只限于华商银行业，不包括钱庄、信托公司、银号、外商银行)

时期	各项存款（千元）	储蓄存款（千元）	存款总额（千元）	包括银行家数
1921年	496 987	13 221	—	包括国营银行2家，地方及商业银行22家
1922年	525 144	17 338	—	包括国营银行2家，地方及商业银行22家
1923年	551 427	23 120	—	包括国营银行2家，地方及商业银行22家，储蓄会1家
1924年	625 664	32 263	—	包括国营银行2家，地方及商业银行22家，储蓄会1家
1925年	783 297	48 358	—	包括国营银行2家，地方及商业银行22家，储蓄会1家
1926年	934 821	62 531	—	包括国营银行2家，地方及商业银行22家，储蓄会1家
1927年	976 122	76 761	—	包括国营银行2家，地方及商业银行22家，储蓄会1家
1928年	1 123 471	93 036	—	包括国营银行3家，地方及商业银行23家，储蓄会1家
1929年	1 320 152	114 178	—	包括国营银行3家，地方及商业银行24家，储蓄会1家
1930年	1 620 261	153 182	—	包括国营银行3家，地方及商业银行24家，储蓄会1家
1931年	1 860 657	206 668	—	包括国营银行3家，地方及商业银行24家，储蓄会1家
1932年	2 183 760	180 070	—	包括国营银行3家，地方及商业银行119家
1933年	2 625 149	251 483	—	包括国营银行4家，地方及商业银行123家

(续表)

时期	各项存款（千元）	储蓄存款（千元）	存款总额（千元）	包括银行家数
1934年	2 997 762	304 865	—	包括国营银行4家，地方及商业银行163家
1935年	3 789 378	336 750	—	包括国营银行4家，地方及商业银行163家
1936年	4 551 269	416 198	—	包括国营银行4家，地方及商业银行163家
1937年	—	—	4 067 506	包括国营银行4家，地方及商业银行143家
1938年	1 850 438	235 357	—	包括国营银行1家，商业银行24家，储蓄会1家
1939年	3 661 891	157 980	—	包括国营银行1家，商业银行36家，储蓄会1家
1940年	3 961 860	356 533	—	包括国营银行1家，商业银行30家，储蓄会1家
1941年	373 276	59 411	—	包括商业银行7家，储蓄会1家
1942年	1 220 084	141 242	—	包括商业银行104家
1943年	2 976 927	187 824	—	包括商业银行114家
1944年	10 060 506	336 366	—	包括商业银行110家
1946年	—	—	169 909 528	包括地方及商业银行155家（12月份）
1947年6月	—	—	481 104 665	包括地方及商业银行176家（上海区之数字）

资料来源：《民国经济史》，银行学会1948年编印，第509页。

表30 历年全国银行业放款统计表（1921—1947部分年份）

（本表数字只限于华商银行业，不包括钱庄、信托公司、银号、外商银行）

时期	放款总和（千元）	包括银行家数
1921年	515 318	包括国营银行2家，地方及商业银行22家
1922年	548 203	包括国营银行2家，地方及商业银行22家
1923年	573 528	包括国营银行2家，地方及商业银行22家，储蓄会1家
1924年	636 163	包括国营银行2家，地方及商业银行22家，储蓄会1家
1925年	763 738	包括国营银行2家，地方及商业银行22家，储蓄会1家
1926年	887 344	包括国营银行2家，地方及商业银行22家，储蓄会1家
1927年	908 020	包括国营银行2家，地方及商业银行22家，储蓄会1家
1928年	1 056 358	包括国营银行3家，地方及商业银行23家，储蓄会1家
1929年	1 221 940	包括国营银行3家，地方及商业银行24家，储蓄会1家
1930年	1 420 541	包括国营银行3家，地方及商业银行24家，储蓄会1家

(续表)

时期	放款总和（千元）	包括银行家数
1931 年	1 603 905	包括国营银行 3 家，地方及商业银行 24 家，储蓄会 1 家
1932 年	1 857 406	包括国营银行 4 家，地方及商业银行 100 家
1933 年	2 327 087	包括国营银行 3 家，地方及商业银行 112 家
1934 年	2 623 932	包括国营银行 4 家，地方及商业银行 129 家
1935 年	3 195 599	包括国营银行 4 家，地方及商业银行 139 家
1936 年	3 466 120	包括国营银行 4 家，地方及商业银行 141 家
1937 年	2 594 556	包括国营银行 4 家，地方及商业银行 143 家
1942 年	1 462 160	包括地方及商业银行 104 家（只上海区）
1943 年	4 120 660	包括地方及商业银行 114 家（只上海区）
1944 年	10 396 872	包括地方及商业银行 110 家（只上海区）
1946 年	162 816 906	包括地方及商业银行 155 家（只上海区）
1947 年 6 月	438 168 329	包括地方及商业银行 176 家（只上海区）

资料来源：《民国经济史》，银行学会 1948 年编印，第 510 页。

表31 北洋政府历年内债发行表
(1912—1926)

年份	实发行额（元）
1912年	6 248 460
1913年	6 842 220
1914年	24 970 520
1915年	25 834 155
1916年	8 770 515
1917年	10 516 790
1918年	139 363 760
1919年	28 358 700
1920年	121 960 450
1921年	115 362 248
1922年	83 234 910
1923年	5 000 000
1924年	5 200 000
1925年	15 000 000
1926年	15 400 000
合计	612 062 728

资料来源：千家驹编：《旧中国公债史资料》代序，财经出版社1955年版，第10—11页。

表32 国民党政府历年内债发行表
（1927—1949 部分年份）

年份	发行额	实发行额
1927 年	70 000 000 元	
1928 年	150 000 000 元	
1929 年	198 000 000 元	
1930 年	174 000 000 元	
1931 年	466 000 000 元	
1933 年	124 000 000 元	
1934 年	124 000 000 元	
1935 年	330 000 000 元	
1936 年	2 082 000 000 元	
1937 年 （七月起）	国币 517 000 000 元	国币 509 062 539 元
1938 年	国币 600 000 000 元 关金 100 000 000 单位 英金 10 000 000 镑 美元 50 000 000 元	国币 523 211 050 元 关金 99 000 110 单位 英金 9 132 340 镑 美元 48 151 630 元
1939 年	国币 1 200 000 000 元	国币 1 200 000 000 元
1940 年	国币 1 200 000 000 元 英金 10 000 000 镑 美元 50 000 000 元	国币 1 249 391 385 元 英金 9 874 994 镑 美元 45 989 550 元
1941 年	国币 2 400 000 000 元 美元 10 000 000 元 谷 1 733 636 市石 麦 2 066 667 市石	国币 2 384 600 000 元 美元 10 000 000 元 谷 6 762 252 市石 麦 598 451 包

(续表)

年份	发行额	实发行额
1942 年	国币 1 100 000 000 元 美元 100 000 000 元 谷 11 380 036 市石 麦 2 400 000 市石	国币 709 650 100 元 美元 99 805 028 元 谷 10 463 198 市石 麦 120 910 包
1943 年	国币 3 175 000 000 元 谷 23 130 000 市石 麦 23 130 000 市石	国币 3 175 000 000 元 (其中有 175 000 000 元 为整理省公债) 谷 23 130 000 市石 麦 23 130 000 市石
1944 年	国币 5 000 000 000 元 粮食 12 000 000 市石	国币 5 000 000 000 元 粮食 12 000 000 市石
1946 年	国币 300 000 000 元 (土地债券) 粮食 10 000 000 市石 (土地债券) 美元 400 000 000 元	国币 300 000 000 元 粮食 10 000 000 市石 美元 80 000 000 元
1947 年	美元 400 000 000 元	美元（不详）
1948 年	金圆券 523 000 000 元	金圆券（不详）
1949 年	黄金 2 000 000 市两 美元 137 000 000 元	黄金 2 000 000 市两 美元（不详）

注：抗日战争以前皆系公开发行的债券，1927—1931 年，仅以财政部发行者为限，未把交通部、建设委员会所发行的各种债券计算在内；1936 年国民党政府所发行的 2 082 000 000 万元中，包括统一公债 1 460 000 000 万元用以调换旧债，该年新债发行额为 622 000 000 元。

资料来源：千家驹编：《旧中国公债史资料》代序，财经出版社 1955 年版，第 19、22、23、32—33、36—37 页。

附 录
金融统计

表33 从辛亥革命到大革命时期历年所借外债统计表（1911—1927）

（单位：银元）

年份	合计			北洋政府及其统治下各省			南京临时政府、护国军政府及南方独立各省		
	项数	借款额	实收额	项数	借款额	实收额	项数	借款额	实收额
合计	467	1 336 996 790.11	976 414 254.08	387	1 279 619 513.88	925 305 455.00	80	57 377 276.23	51 108 799.08
实收额对借款额的百分比		100.00	73.07		100.00	72.31		100.00	89.32
百分比		100.00	100.00		95.53	94.54		4.47	5.46
1911	2	2 618 104.03	2 618 104.03	—	—	—	2	2 618 104.03	2 618 104.03
1912	42	165 712 208.25	144 535 323.08	21	128 789 030.84	109 550 307.72	21	36 923 177.41	34 985 015.36
1913	20	358 740 687.52	167 288 485.99	20	358 740 687.52	167 288 485.99	—	—	—
1914	13	38 915 936.09	32 858 160.18	13	38 915 936.09	32 858 160.18	—	—	—
1915	6	10 448 622.43	6 439 769.97	6	10 448 622.43	6 439 769.97	—	—	—
1916	31	44 721 629.04	40 175 351.88	23	39 378 180.02	36 195 539.23	8	5 343 449.02	3 979 812.65
1917	21	76 894 659.20	67 272 139.53	19	73 485 568.29	64 938 806.19	2	3 409 090.91	2 333 333.24
1918	52	150 129 513.48	128 449 515.47	50	149 585 917.29	127 905 919.28	2	543 596.19	543 596.19

(续表)

年份	合计			北洋政府及其统治下各省			南京临时政府、护国军政府及南方独立各省		
	项数	借款额	实收额	项数	借款额	实收额	项数	借款额	实收额
1919	47	49 210 135.10	45 740 887.59	41	47 990 915.17	44 521 667.66	6	1 219 219.93	1 219 219.93
1920	74	74 527 198.61	60 697 303.18	58	71 224 966.11	57 820 557.87	16	3 302 232.50	2 876 745.31
1921	56	85 580 452.00	68 255 046.11	49	84 343 287.00	67 043 591.11	7	1 237 165.00	1 211 455.00
1922	26	53 349 992.41	51 083 516.69	22	52 892 449.88	51 050 974.16	4	457 542.53	32 542.53
1923	17	40 628 446.91	27 231 720.96	10	39 697 735.07	26 722 746.22	7	930 711.84	508 974.74
1924	23	28 647 906.19	15 357 611.01	20	28 157 860.50	15 357 611.01	3	490 045.69	—
1925	26	136 925 227.72	103 189 985.88	24	136 022 286.54	102 389 985.88	2	902 941.18	800 000.00
1926	5	4 651 647.58	3 551 647.58	5	4 651 647.58	3 551 647.58	—	—	—
1927	6	15 294 423.55	11 669 684.95	6	15 294 423.55	11 669 684.95	—	—	—

注：银元折合率：凡外币借款数按照海关册所载历年英镑、美元、马克、法郎、日元、卢布、港币等外汇行市合海关两价格，再按当时海关牌价每一海关两合银元1.50元折合。国内各地银两则规平银、长平银按当日或周内洋厘行市折合；京公砝银、京平银、行平银、洋例银等，除查到当日或周内洋厘行市折合外，余按申汇和规平银洋厘行市折合，广东毫银、福州台伏票和吉林小洋，则按当时大洋兑换率折合。在实收数中，除查得实收银元数外，也都按照上述折合率计算。

资料来源：徐义生编：《中国近代外债史统计资料》，中华书局1962年版，第240页。

表 34 美国给予国民党政府的借款与援助

(单位：美元)

	债额或物资总值	动用债额或物资净值
抗日战争时期借款 8 笔	705 000 000	661 174 131
抗战胜利后借款 14 笔	918 194 000	394 973 545
"救济"物资 4 笔	799 029 000	
租借法物资 2 笔	1 626 789 143	除重复计算项目外 共值：4 709 248 616
军事"援华"2 笔	142 666 930	
剩余物资"售让"和"赠与"7 笔	2 532 807 543	
合计	6 724 486 616	5 765 396 292

注：动用债额及物资截至 1948 年 6 月。
资料来源：吴承明编：《帝国主义在旧中国的投资》，人民出版社 1956 年版，第 78 页。

表35 革命根据地早期银行概况表（1926—1937）

根据地	根据地银行名称	成立日期	结束日期	银行行址	银行行长或负责人	银行业务范围	货币名称	面额种类	其他
湖南农民协会	浏东平民银行	1926年冬	1927年5月	浏阳	李明轩、汤佑贤	发行货币、存放业务	临时兑换券、信用券	1角、2角、3角、5角、1元	资本6万元
湖南农民协会	浏阳金刚公有财产保管处	1927年2月	1927年5月	浏阳金刚	何文渊	发行货币	有期证券	1角、2角、1元	
湖北农民协会	黄冈县农民协会信用合作社	1927年2月	1927年7月	黄冈		发行货币、存放业务	流通券	1串文	
耒阳革命根据地	耒阳工农兵苏维埃政府经济处	1928年2月	1928年4月初	耒阳	谭楚才	发行货币、代理金库	劳动券	1元	
海陆丰革命根据地	海丰劳动银行	1928年2月	1928年3月初	海丰	陈子岐	发行货币	银票	1元、5元、10元	借用南丰织造厂银票加盖劳动银行印章

(续表)

根据地	银行名称	成立日期	结束日期	银行行址	银行行长或负责人	银行业务范围	货币名称	面额种类	其他
井冈山革命根据地	井冈山上井造币厂	1928年5月	1929年1月	井冈山上井村		发行货币	井冈山"工"字银元	1元	
中央革命根据地	东古平民银行	1929年8月	1930年	吉安东固	黄启绶	发行货币、存放业务	铜元票	10枚、20枚、50枚、100枚	基金4 000元
	东古银行	1930年	1931年	吉安东固	黄启绶	发行货币、存放业务	铜元票	10枚、20枚、50枚、100枚	
	闽西工农银行	1930年11月	1935年年初	龙岩、虎冈、白砂、长汀	阮山	发行货币、存放汇业务、经营内外贸易	银元票	1角、2角、5角、1元	资本20万元
	江西工农银行	1930年11月	1932年	吉安、永丰、万安、兴国、端金	颜达	发行货币	铜币券、银元票	10枚、500文、1千文、1元	资本100万元

(续表)

根据地	银行名称	成立日期	结束日期	银行行址	银行行长或负责人	银行业务范围	货币名称	面额种类	其他
中央革命根据地	中华苏维埃共和国国家银行	1932年3月	1934年10月	瑞金	毛泽民	发行货币、存放汇业务	银币券、银币、铜币	1分、5分、1角、2角、5角、1元	资本100万元
	中华苏维埃共和国国家银行福建省分行	1932年4月	1934年10月	长汀	李六如	接受总行交办事项			
	中华苏维埃共和国国家银行江西省分行	1933年2月	1934年10月	博生（宁都）	钟声潮	接受总行交办事项			
湘鄂西革命根据地	石首农业银行	1930年	1930年10月	石首	戴补天	发行货币	信用券	1元	
	鄂西农民银行	1930年10月	1931年11月	石首	戴补天	发行货币、存放汇业务	信用券、信用条	1角、2角、5角、1元	
	中华苏维埃共和国国家银行湘鄂西特区分行	1931年11月	1933年	石首、监利、洪湖	崔琪	发行货币、存放汇业务	信用券、银币、铜币	1分、1角、2角、5角、1元	
	鄂北农民银行	1931年7月	1932年3月	房县	王守训	发行货币、存放汇业务	信用券、银币	5角、1元	

（续表）

根据地	银行名称	成立日期	结束日期	银行行址	银行行长或负责人	银行业务范围	货币名称	面额种类	其他
湘鄂西革命根据地	鹤峰苏维埃银行	1931年	1932年	鹤峰		发行货币	信用券	500文、1角、2角、5角、1元	
鄂豫皖革命根据地	鄂豫皖特区苏维埃银行	1930年10月	1932年	黄安七里坪、新集	郑位三	发行货币、存放汇业务	银币券	5角、1元	
	皖西北特区苏维埃银行	1931年5月	1932年	金家寨、麻阜	吴保才	发行货币、存放汇业务	银币券、铜币	50文、1角、2角、5角、1元、5元	
	鄂豫皖省苏维埃银行	1932年	1932年10月	新集	郑义高	发行货币、存放汇业务	银币券、银币	2角、5角、1元	
闽浙赣革命根据地	赣东北特区贫民银行	1930年10月	1931年12月	弋阳芳家墩、横峰	邵忠、张其德	发行货币、存放业务	银元票	1角、2角、5角、1元	基金20万元
	赣东北省苏维埃银行	1931年12月	1932年12月	横峰枫树坞	张其德	发行货币、存放业务	银元票	1角、2角、5角、1元	
	赣东北省苏维埃银行闽北分行	1931年冬	1932年12月	崇安大安	徐福元等	发行货币、存放业务	银元票	1角、2角、5角、1元	基金3万元

(续表)

根据地	银行名称	成立日期	结束日期	银行行址	银行行长或负责人	银行业务范围	货币名称	面额种类	其他
闽浙赣革命根据地	闽浙赣省苏维埃银行	1932年12月	1934年冬	横峰枫树坞	张其德	发行货币、存放业务	银元票、铜元票、银币	10枚、1角、1元	
	闽浙赣省苏维埃银行闽北分行	1932年12月	1935年1月	崇安大安	徐福元等	发行货币、存放业务	银元票	1角、2角、5角、1元	
湘鄂赣革命根据地	平江县工农兵银行	1930年11月	1931年11月	平江	黄庆怀	发行货币、存放业务	光洋票、银币	1角、2角、5角、1元	
	浏阳工农兵银行	1931年1月	1931年11月	浏阳	黄仁、李道	发行货币、存放业务	银洋票	1角、2角、3角	
	万载县工农兵银行	1931年1月	1931年11月	万载	钟学槐（甘雨衣）	发行货币、存放业务	银洋票	1角、2角、1元	
	宜春工农兵银行	1931年7月	1931年11月	宜春	欧阳柏	发行货币、存放业务	银洋票	2角、3角	
	修水县工农兵银行	1931年5月	1931年11月	修水	张文（甘草吾）	发行货币	铜元票	100文、300文、500文	以修水县立总合作社名义发行货币

（续表）

	根据地银行名称	成立日期	结束日期	银行行址	银行行长或负责人	银行业务范围	货币名称	面额种类	其他
湘鄂赣革命根据地	铜鼓县工农兵银行	1931年1月	1931年11月	铜鼓	刘先常	发行货币	银洋票	1角、2角	以铜鼓县生产合作社名义发行货币
	鄂东农民银行	1930年	1931年2月	阳新金龙区	曹俊白	发行货币	铜币券	1串文、2串文	
	阳新县福丰区农民银行	1930年	1931年2月	阳新福丰区		发行货币	铜币券（纸票）	500文	
	阳新县龙燕区农民银行	1930年	1931年2月	阳新龙燕区		发行货币	铜币券（纸条）	1千文	
	阳新县大凤区农民银行	1930年	1931年2月	阳新大凤区		发行货币	铜币券（纸票）	2串文	
	阳新县沿河区农民银行	1930年	1931年2月	阳新沿河区		发行货币	铜币券（纸票）	1串文	
	鄂东南工农兵银行	1931年2月	1932年2月	阳新龙港镇	刘杰三、陈迪光	发行货币	铜币券	200文、500文、1串文、2串文、5串文	

（续表）

根据地银行名称		成立日期	结束日期	银行行址	银行行长或负责人	银行业务范围	货币名称	面额种类	其他
湘鄂赣革命根据地	鄂东工农银行	1932年2月	1932年5月	阳新龙港镇		发行货币	铜币券	200文、500文、1串文、2串文、5串文、10串文	
	鄂东南工农银行	1932年5月	1933年	阳新龙港镇、通山		发行货币	铜币券	200文、500文、5串文	
	武宁县工农兵银行	1931年11月	1932年5月	武宁	成瑞之	发行货币	铜币券		
	瑞昌县工农兵银行	1932年	1932年5月	瑞昌		发行货币	铜币券		
	大冶县工农兵银行	1931年	1932年5月	大冶	陈玉门	发行货币、存放业务	铜币券（兑换条）		
	大冶第五区农民银行	1930年	1932年5月	大冶第五区		发行货币	铜币券	2串文	

附 录
金融统计

（续表）

根据地	根据地银行名称	成立日期	结束日期	银行行址	银行行长或负责人	银行业务范围	货币名称	面额种类	其他
湘鄂赣革命根据地	通城县工农兵银行	1931年7月	1932年5月	通城		发行货币	铜币券		
	通山县工农兵银行（代办所）	1930年10月	1932年5月	通山	黄柯笑	发行货币、存放业务	铜币券		
	湘鄂赣省工农银行	1931年11月	1934年	修水、万载、平江	李国华、刘文初、涂正坤、成功	发行货币、存放业务	银洋票、铜元钱	100文、200文、500文、1申文、1角、2角、3角、5角、1元	基金4万元
湘赣革命根据地	中华苏维埃共和国湘赣省工农银行	1932年1月	1933年2月	永新	谭余保、胡湘	发行货币、存放汇业务	铜币券	1角、1元	
	中华苏维埃共和国国家银行湘赣省分行	1933年2月	1934年8月	永新、泰和	谭余保、胡湘	发行货币、存放汇业务	银币券、铜元票	10枚、5分、1角、2角、5角、1元	基金4万元

（续表）

	根据地银行名称	成立日期	结束日期	银行行址	银行行长或负责人	银行业务范围	货币名称	面额种类	其他
川陕革命根据地	川陕省苏维埃政府工农银行	1933年12月	1935年4月	通江	郑义斋	发行货币、存放汇业务	铜币券、铜币、银币券	200文、500文、1串文、2串文、3串文、5串文、10串文、1元	大部分是布币
	中华苏维埃共和国川陕省工农银行	1933年12月	1935年4月	通江	郑义斋	发行货币、存放汇业务	铜币券、银币	3串文、1元	
	中华苏维埃共和国国家银行川陕省工农银行	1933年12月	1935年4月	通江	郑义斋	发行货币、存放汇业务	银币券	1元	其中有部分布币
陕甘革命根据地	陕甘边区农民合作银行	1934年年底	1935年春	华池南梁	白天章	发行货币	兑换券	1角、2角、5角、1元	布币
	陕甘省苏维埃银行	1935年春	1935年11月	华池南梁	杨玉亭	发行货币	银币、铜元票	20枚、1角、5角、1元	其中有部分布币
	陕甘晋苏维埃银行	1935年6月	1935年11月	安定、永坪、瓦窑堡	艾楚南、李青萍	发行货币	银币券、银币	1角、2角、5角、1元	其中有部分布币

(续表)

根据地	银行名称	成立日期	结束日期	银行行址	银行行长或负责人	银行业务范围	货币名称	面额种类	其他
	陕北神府特区抗日人民革命委员会银行	1936年	1937年	神木、府谷		发行货币	流通纸券	5分、1角、2角、5角、1元	其中有部分布币
陕甘革命根据地	中华苏维埃共和国国家银行西北分行	1935年11月	1936年	瓦窑堡、保安	林伯渠、曹菊如	发行货币、存放汇业务、经营内外贸易	苏维埃纸票	5分、1角、2角、5角、1元	其中有部分布币
	中华苏维埃人民共和国国家银行西北分行	1936年	1937年	保安、延安	林伯渠、曹菊如	发行货币、存放汇业务、经营内外贸易	苏维埃纸票	2角、5角、1元、2元	

注：表列银币和铜币，只限于根据地内部流通的苏维埃银币和苏维埃铜币；各根据地铸造白区流通的银币，未列入表内。

资料来源：姜宏业：《我国革命根据地早期银行事业概述》，《近代史研究》1982年第4期，第61—68页。

255

表 36 革命根据地发展时期银行概况表（1937—1948）

根据地银行名称	成立日期	结束日期	银行行址	银行行长或负责人	银行业务范围	货币名称	面额种类	其他
陕甘宁边区银行	1937年10月1日	1948年1月	延安	曹菊如、朱理治、黄亚光	发行货币，存放汇业务，兼营区内外贸易	边币、代价券、流通券	分、角、元、十元、百元、千元、万元	资本2 000万元
晋察冀边区银行	1938年3月	1948年10月	阜平、张家口	关学文、何松亭	发行货币，存放汇业务	边币、流通券	元、十元、百元、千元	
北海银行	1938年8月	1948年12月	掖县、临沂	艾楚南、陈穆、陈文其、酒海秋	发行货币，存放汇业务	北海币	角、元、十元、百元、千元、万元	资本10万余元
上党银号	1938年8月	1939年10月	长治	王鹤五	发行货币	上党银号币	角、元、十元、百元	
冀南银行	1939年10月	1948年10月	太行区	高捷成、胡景云、陈希愈	发行货币，存放汇业务	冀南币	分、角、元、十元、百元、千元	
鲁西银行	1940年3月	1941年9月	聊城		发行货币	鲁钞、流通券	分、角、元、十元、百元	

附 录
金融统计

(续表)

根据地银行名称	成立日期	结束日期	银行行址	银行行长或负责人	银行业务范围	货币名称	面额种类	其他
西北民银银行	1940年5月	1948年12月	兴县	刘少白	发行货币,财政,银行,贸易三位一体经营业务	西农币	分、角、元、十元、百元、千元、万元	资本3万元
江淮银行	1941年春	1945年8月	盐城	朱毅、李人俊、骆耕漠	发行货币,存放汇业务	江淮币、流通券、代价券	角、元、十元、百元	
盐阜银行	1942年4月	1945年8月	苏北地区	骆耕漠	发行货币,存放汇业务	盐阜币	角、元	资本50万元
淮北地方银号	1942年春	1945年8月	泗县	陈醒、资凤	发行货币,存放汇业务	抗币	角、元、十元	资本50万元
淮南银行	1942年春	1945年8月	盱眙		发行货币,存放业务	淮南币	角、元、十元	
淮海地方银行	1942年	1943年	涟水(张圩)		发行货币	淮海币	角、元	资本100万元
大江银行	1942年	1945年8月	无为		发行货币	大江币	角、元、十元	
江南银行			茅山地区		发行货币	江南币	角、元	未正式成立银行

(续表)

根据地银行名称	成立日期	结束日期	银行行址	银行行长或负责人	银行业务范围	货币名称	面额种类	其他
浙东银行	1945年4月	1945年10月	余姚梁弄	吴山民、陆慕云、王海峰	发行货币、存放业务	抗币、兑换券	角、元、十元、百元	
豫鄂边区建设银行	1941年4月	1946年	随南洛阳店大别山区	丁冬放	发行货币、存放业务	边币、流通券	角、元、十元、百元、千元	
华中银行	1945年8月	1949年	淮阴	陈穆、徐雪寒、龚意农、邓克生、孙更舵	发行货币、存放业务	华中币	角、元、十元、百元、千元、万元	
东北银行	1945年10月	1951年4月	哈尔滨、沈阳	叶季壮、曹菊如、朱理治	发行货币、存放汇业务	地方流通券	角、元、十元、百元、千元、万元、十万元、百万元	资本5亿元
合江银行	1946年1月	1946年6月	佳木斯	马仲、孟庆慧	发行货币	地方流通券	角、元、十元	
牡丹江实业银行	1946年1月	1946年10月	牡丹江		发行货币、兼营贸易	地方流通券	十元、百元	
吉林省银行	1946年3月	1947年10月	盘石县、吉林市、图门市、延吉市		发行货币、存放业务	地方流通券	元、十元、百元	